人生與領導的基石概念

THE CORNERSTONE CONCEPT:
In Leadership, In Life

Dr. Roberta Gilbert 著

出版序

　　自我分化（Differentiation of self）是Bowen家庭系統理論中最重要的概念，為了讓多年研究的成果與觀察能夠盡可能地符合自然系統的描述，並且被後代科學所檢測與驗證，Bowen博士選擇參照生物學中的細胞分化（cell differentiation）之稱呼，來描述個體在情緒與理智之間的調節能力，以及自我與人際系統之間的互動狀態。自我分化是一種狀態、一個光譜以及一系列的行動，所謂狀態，就是自我分化說明每個人面對內在情緒與理智之間的控制能力，自己如何在系統中安身立命的清楚程度；所謂光譜，就是每個人的自我分化程度不同，因此造就每個個體不同的行為表現、人我關係與生活功能；最後，所謂行動，就是自我分化不但在說明一種靜態現象，更鼓勵人們清楚自己的目前狀態之後，得以督促自己向上提升，努力進行更高程度的自我分化。

　　我認為自我分化就是智慧與自在的結晶，一來藉由智慧的引導，為自己的人生找到志向，努力朝目標邁進，這途中必須面對自己內在對改變的焦慮，一向生活在舒適圈的情緒系統，必然會率先對自己的改變發難，接著，自己所處的人我系統也會開始對自己施壓，此刻的自己，正是需要使用自己的自在能

力，除了安頓自己的身心狀態，也要自在於系統之間，堅持自己並且接觸他人。藉由這樣的智慧與自在的結晶，自我分化的提升才得以一步一步地實踐。

自我分化常常被解讀成冷淡、自私且不合群的人格特質，而這樣的描述似乎跟華人文化背道而馳。藉由閱讀本書，讀者可以清楚認識到自我分化有別於冷淡、自私且不合群的特質，自我分化越高的個體，越當能夠悠遊於情緒與理智之間，越清楚自己的本分，更加能夠享受自己與團體的氣氛以及人我界線。正如古人所謂「發乎情，止乎禮」、「君子和而不同，小人同而不合」，也是莊子所說「君子之交淡如水，小人之交甘若醴。君子淡以親，小人甘以絕。」

在本書當中，Gilbert博士特別從不同角度去描述與探討自我分化，包括自我分化的概念釐清、自我分化與指導原則的關係、在不同角色中自我分化的實踐、不同領域的學習者分享他們自己在自我分化上的旅程，以及一些值得玩味的研究報告。這些內容當中，我個人特別喜歡第二章「分化——節錄Bowen的闡述」，這不僅讓華文讀者有機會第一手閱讀到Bowen博士的親自論述，也讓讀者得以對系統理論產生對話，甚至批判，進而讓理論被更多人理解。

最後，我要謝謝三位翻譯者—林芝樺、林廉峻與許恩婷—的協助，他們願意投入系統理論的了解，並且騰出時間翻譯這本書，讓其他人有機會以中文來認識自我分化這個概念與Bowen理論，著實為這理論與華人之間的對話創造另一個可行性。同時，也要感謝台灣婚姻與家庭輔導學會，持續不斷地支

持Bowen理論在台灣的發展，尤其是居中協調的吳春賢與曾素玲女士，感謝你們的付出與努力，讓這本書有機會如此迅速地發行。

　　自我分化是一生修練的旅程，無論何時何地，無論獨處或在任何關係中，都是學習自我分化的好時機，正所謂「天行健，君子以自強不息」。

江文賢　2014.10.10

前　言

本書獻給已故的Murray Bowen博士，他提供我們一種思考人類現象的新思維。

在他最後的公開演說中，有一段訪談，Murray Bowen博士談到了他對於自我分化概念的發現，他說「我顛簸地行駛在高速公路上，而它就在那裡了。」廣大的聽眾大笑著，但他沒有，他說他希望人們能夠將此認真看待，並儘可能地去應用它。

這也是我的期許，對於我的人生、我的家人、所有參與中心課程的人、以及所有提供訓練課程者，和所有以分化為目標的每個人。在人類系統研究中心（Center for the Study of Human Systems）的非凡領導力研討會（Extraordinary Leadership Seminar）中，我們要求每個人至少投入三年以上的完整學習。學習自我分化這個重要概念，通常就占用了一年的時間，這是大多數人所無法奢求以得的時間，然而，這些學習者、指導者和我都享用了這個機會，專注於這個概念並應用在自己的生活上，並且都帶來正向的改變。

Bowen經常將自我分化的概念，稱為「基石」概念。原本，它敘述自然界的變異性，特別是人類的天性，同時，它指

出一條路徑，讓我們可以更好地運用我們所繼承的天賦，包含來自家庭基因以及世代的情緒過程。因此，「基石」成為一個多元而非單一的概念特質，它是描述人類現象的基石，也是任何獨立生命思考並達到更高功能的基石。

這本書可作為『非凡領導力研討會』第三年的教材內容，為前兩年教材《非凡領導力：系統思考，創造不同》（暫譯）、以及《Bowen家庭系統理論之八大概念》（註：中譯版已發行）的延續。

和其他幾本書一樣，《自我分化：人生與領導的基石概念》並未意圖成為自我分化主題的第一、最後、完整或最好的一本書，它只是延續並擴大研討經驗，畢竟研討會是一個具生命力並且能夠獨立成長的個體，它會學習並改變，所以書籍也會隨著它們的作者，在調整之中更臻成熟。

Bowen並不是第一位使用「分化」一詞的偉大思想家，像是精神分析學家卡爾・榮格（C.G. Jung）和神學家德日進（Teilhard de Chardin）也曾提過。每個人使用的方式不同，Bowen則特別將它運用在敘述人類功能的程度，由最低至最高，接著，他更詳細而深入地去描述人類生活在理論「尺度」的高低程度及樣貌。他的敘述簡單易懂，但每一個尺度都是一個挑戰，當我們看到較高尺度的可能性，我們就想朝它邁進。所有他口述、書寫和錄音[1]中的敘述都可成為一趟迷人的旅程——或考驗——等待你去選擇。這些接受考驗的人，將會發現

---

[1] 為了後代和研究之需，Bowen博士的大部分著作，皆以影片和文件的方式，保存於華盛頓特區之美國國家醫學圖書館。

這是一個改變生命的體驗，它會帶領一個人更快速地到更遠的地方，這超乎之前依行為科學所設定的策略方法。

本書源自對Bowen家庭系統理論的理解，並較多地談論到關於領導及落實領導。事實上，它曾被稱為是一種關於領導的理論[2]。如同本系列中的前兩本書，《非凡領導力：系統思考，創造不同》及《Bowen家庭系統理論之八大概念》，這本書專注於呈現Bowen理論如何在生活和領導力中發揮作用，在八大概念中，對領導者如何去理解及用以生活，自我分化應該是最重要的。

本書的第一部分「基石概念：自我分化」，將詳細描述這個概念。第一章「從連結中發展獨立性」，我們探討了在核心家庭單元中，獨立性（分化的自我）將如何從連結性（未分化）中蛻變出來。第二章「分化──節錄Bowen的闡述」，是本書最愉快、動人且激勵人心的一段，本章富含Bowen對於此概念的親自描述，它集結了Bowen對於這個主題所談論過且最豐富的部分，它們自成一格，而我僅真實地將它們重現在本書中，我認為這些是對這個概念最好的敘述了。

第二部分「基石藍圖－指導原則」，探討Bowen提過但並沒有詳細探討的主題，即基本自我的指導原則。第三章「高分化的領導力」，描述了基本自我的概念，以及透過指導原則而進行周全思考的必要性。第四章「指導原則」，則更深入地探討「指導原則」這個概念，例如，什麼是指導原則、如何建構指導原則等。

---

[2]　Meyer, Patricia，在研討會的一場演講。

第三部「建立更多自我」，探討經常被問及的問題：「我們要如何提升自我分化？」第五章「自我分化：採取行動」，詳細描述了應用Bowen理論以提升自我分化的三個案例：第一在於婚姻中；第二在父母提升功能之後，全家也將一併被提升；最後，於原生家庭中提升功能。按理來說，若我們能理解家庭中的各種概念，並將它們運用於我們自己的家庭中，那麼，它們將更容易被理解並運用在領導功能上，無論在任何脈絡中，這種運作模式對於我們的努力，是非常重要的。第六章「高分化領導」，闡述如何將第五章所描述的行動，運用在領導上。第七章「我做的如何？—進步的評估」，檢視那些研討會參與者，為了改善自我功能，而在強化情緒成熟度上的各種努力，這是探討人們如何在各個層面上運作，包括在自己身上、家庭關係、核心家庭、原生家庭以及組織中，它闡述了個人自我進步之後的證據，證明個人進步對於身邊系統的回饋，同時，透過事後的回顧去呈現個體如何進步。

　　第四部分「生活中的自我分化」，重點在於如何將自我分化應用在現實生活中。第八章「建構在原則之上的生活」，集結一些真實人物的生活描繪，他們雖然不完美，但仍展現了關於依原則而生活的部分，其中有許多的歷史人物，也有當代的故事，對作者而言，這些就像他們努力「跟上」原則的故事。第九章「活在當下並負起責任－指導原則、收穫與問題」，是我個人回到家庭關係系統工作的記錄。第十章「社會退化中的高分化領導」，身處當今如此焦慮的時代，從個人到社會的不同分化程度，我們要去思考各種更深入且多元的機會，以提升

社會的功能。

　　還有許多人比我更適合談論自我分化，因此，我邀請那些在工作上和本書有特定相關者的協助。第五部分「Bowen家庭系統理論的研究」，是近代和分化的研究最有關聯性的五篇文章。第十一章，Kathleen Cotter Cauley分享了她更加理解她的家庭，並採取不同行動的努力。第十二章，Kenton Derstine詳盡地說明他如何將家庭系統理論運用於他的家庭關係，並提升到更好的立足點。第十三章，描述了Victoria Harrison的研究發現，關於在禱告中產生的生理反應歷程。第十四章，Tim Berdahl詳述他針對數年來參與研討會的學員，分析他們對自我進步之評估的專案研究成果。第十五章，Robert Creech探討了新約中耶穌的自我分化。

　　附錄包含：

附錄一：Bowen理論的閱讀文獻

附錄二：一個組織的指導原則

附錄三：自我立場，在家庭中提升自我

附錄四：Bowen理論的八大概念

附錄五：引發社會退化的可能因素

　　本書是激發對理論性概念思考的一種方法，在研討會、課程和講座中聽取這些概念是一種方法，聽取老師和參與者在自己家庭和組織中的努力則是另一種（研究顯示我們記得我們所

見的比所聽到的更多），跟隨一位有經驗的領導者，透過團體討論是理解的一個方法，親自研究和書寫又是另一種（最棒的方法），透過閱讀本書及與本書同系列的書籍，更是另一種。

　　人類的學習是緩慢的，尤其在面臨改變的挑戰時，因此，越多的重複越好。有些重要的概念在本書中重複敘述，在研討會中亦同。本書的案例都是虛構的，然而情境皆來自真實生活，每一則故事都能在現實生活中經常聽到，同時，這些故事和我這幾年的大多數經驗有關，尤其大都是和神職人員的工作。

　　在我的經驗中，唯有理解人類家庭的情緒面，才能夠理解組織的情緒面。因此，在本書中，和其他幾本書一樣，先描述Bowen所發現在家庭系統中的各種概念，然後，將它們發展並應用至組織領導力之中。

　　當領導者努力於提升他們的情緒成熟度，在他們的家庭中，他們會改變並成為更高功能的人，而且，不僅在家裡，更在他們的工作場域、組織或社會中都會有所改變。沒有比將概念實踐於家庭及領導關係系統中更好的學習了，或許這一本書將有助於這樣的努力。

Roberta M. Gilbert

Basye，維吉尼亞

八月，2008

contents 目次

第一部分
基石概念
——自我分化在領導及生活中的運用

「目標在於擺脫那束縛我們所有人的情緒性連結。」

chapter
1

從連結中發展獨立性

　　Bowen將自我分化視為家庭系統理論的基石概念，這可從許多面向看出來。首先，透過自我分化量尺，我們得以更加了解人類生活的差異，我們可以看到為何有些人在較高量尺中，生活得相當順利，做出對的決策，擁有較多成就，並能享有滿意的人際關係；在此同時，在較低量尺中的人們，較難達成具有價值的事，難以堅持自己的決策，擁有較差的關係。理解這些差異，使我們有能力以更廣泛的角度去思考，進而成為一個傑出的系統思考者。

　　其次，將自我分化量尺變成一個實用而生活化的基石概念，那麼當越多人了解它，就會有越多人能夠知所面對人生的轉角處，隨著時間推移，他們將會越做越好

（就像每一座建築的轉角處，總會放置基石）。

　　在建築結構上，基石不僅極為重要，它會傳遞一種訊息。在一座建築的基石上，和這座建築有關聯的人，大多會在此置入訊息用以留念，因此，我們可以辨識建造的年代及建造者。同樣地，運用「基石概念」的人，可以透過自我分化來定義或說明－他們是誰、他們相信什麼、他們的過去、以及他們所信守的理念。由此，就許多面向而言，「基石」確實是一個貼切的比喻。

　　自我分化量尺，是Bowen家庭系統概念的「基石」，而「核心家庭系統」更是此理論的根本基礎。Bowen認為，能視家庭為一個情緒單位，才有辦法進行「系統思考」———一種過去不曾有過的思維模式。這個根本基礎構成Bowen家庭系統理論的與眾不同，並有別於任何其他觀察人類現象的方法。因此，讓我們先回顧核心家庭情緒系統———一個以連結性與獨立性為基礎的概念，然後，依此基礎，我們將會清楚理解，此概念與自我分化之間，密不可分的關係。

連結性——情緒單位

　　在家庭中，他們的焦慮互相影響———他們相互依賴人們在情緒上互相依存，彼此擔心或取悅對方；有些時候，他們彼此惱怒、吵架或激怒對方；他們會告訴對方要做什麼；或者，顯得無助。當情緒達到某個點，其中一人或許會離開，然而這只會使情況更糟（他們將會產生症狀或無法正常運作）。這會

發生在一個核心家庭——社會的基本單位——以及多世代家庭之中。簡單地互相陪伴，隨著時間，彼此會成為對方的重要他人，並逐漸形成一個情緒單位。

家庭是一個當有人受到影響，其他人多少也會受到波及的單位，他們互相傳遞焦慮，也彼此交換「自我」，就好像自動投降般地為彼此或團體工作。像這種如核心家庭般的情緒單位，其成員的許多行為、思考和感受等，其實是被團體的連結性所決定。

當人們長大後離開家，經常希望能夠找到最佳伴侶，並成家創造一個比過往更好的生活。少數幸運的人會如願以償，但更多人會發現他們所成立的家，具有跟原生家庭一樣的情緒強度，甚至這種情緒性（自動化反應模式）逐漸地變成一個問題。

在尋求連結的過程，人們無法理解這些成長過程中的問題會持續跟隨他們，糾纏在他們的人際關係及往後的生活中。他們之所以無法理解，乃因他們通常認為是他人造成家庭或人際關係的問題，而忽視這些問題和自己有關——自己是造成這些困境的部分。然而，個人問題這個部分，不但揮之不去，甚至在許多方面造成我們的生命困境，例如，不佳的人際關係、惡性循環及錯誤的決策，而這些經常被稱為情緒上的不成熟。

這些不成熟的反應——連結性——在我們所成長的家庭中被置入，這就是我們「融合」在關係的傾向。連結、融合、不成熟與未分化這些同義詞，說明這種我們想要和他人連結及建立關係的自動化驅力，它使我們不像一個完整的個體，能夠為自己獨立思考及行動。

有些人在成人階段更傾向於這種連結，原因很簡單，因為相較於他人，他們的成長階段和家庭有更多情緒性的糾結。再者，越多的連結（未分化）傾向，生活將越有問題；而在關係中越多連結，久而久之，就越會凸顯出更多關係的複雜性及困難度。

獨立性

儘管所有人皆傾向融合於關係中，但同時亦存在著另一種驅力，一個相反的力量，驅使我們朝向另一端──朝向獨立性。獨立性促使我們在和他人建立關係時，仍保有自由，不受束縛。獨立性的力量讓我們海闊天空，敦促我們成為最棒的自己，不在乎別人怎麼想。

就如同成長歲月中被家庭置入了連結性，在某種程度上，獨立性也會在成長過程中被置入。在家庭中，當我們有一定程度的能力做自己，而不僅是滿足家人情緒上的「需要」時，我們就存留了一種能力讓自己成為成熟自我，即獨立的個體。獨立、分化、成熟和基本自我，大致上是相同的，基本自我，亦即「堅固」自我，是我們最好的部份。

平衡

我們皆成長於這兩股力量──自我的獨立性及家庭的連結性──的拉力中，它們互相抗衡並消耗我們的能量，因此，每個人都擁有一種連結－獨立的平衡，這個成熟與不成熟的平衡

即構成全部的自我。

對一些人來說，這平衡比較偏向於連結性；而對於其他人，這平衡則比較偏向獨立性。對於偏向連結性的人，他們比較無法為自我思考，較容易被團體的想法所束縛，比較會受到他人影響，較傾向於關係的融合（失去自我），也較擔心其他人如何看待他。同時，他們會有較多的焦慮，也較容易接收他人的焦慮，生活中大部份的時間都在「自動化」模式下運作，即不經思索地回應與反應。在焦慮程度較高時，判斷模式是以維持良好心情或人際關係作考量，而非由客觀的事實所引導。

對於比較偏向獨立性的人，他們較能夠自我思考，在團體或人際關係壓力中保持獨立，即使在團體或人際關係中予以配合，也是出於自己清楚的思考與選擇，他們不會自動地呼應別人的要求，在人際關係上也比較沒有煩惱，較不焦慮和較少擔心他人的看法，並且根據較多的事實及思考做反應，該行為反應往往會更加貼切，生活也會更加順利。這樣的生活較不會受困於自動化和模式化的行為，他們會根據客觀的事實、邏輯及原則，透過更多思考與計畫去管理生活。

大多數人的平衡比較傾向於連結（這種不成熟，會引發我們許多的煩惱），然而，即使在同一個家庭，手足之間在獨立性／連結性之間的平衡也會有所差異。此種不成熟（連結、融合）的差異，和父母對他們的不同關注程度有關。受到較大關注的孩子，將會與父母更加融合或不分化；較不受關注的孩子將會更自在地成為最棒的自我，不受系統的情緒所影響，同時，他們能夠對這個系統有所認識，並與此系統維持關係。

融合的徵兆

親密關係會在連結強烈時發展出一些模式，而這通常發生在壓力大（高度焦慮）的時候，因為融合的感覺並不好——它會有增無減地製造出更多焦慮。在關係之中，人們必然會做出釋放壓力的動作，這些動作是可以預測的，包括：

- 衝突
- 距離
- 情緒切割
- 高功能與低功能的互惠模式
- 三角化

在衝突中，伴侶之間會有不同的觀點，在雙方都無法以彼此能夠接受的方式化解差異時，他們就會鬥嘴、爭吵甚至互相肢體攻擊，各自守護自己的觀點，並將問題怪罪在對方身上。

厭煩了衝突，關係親密的兩人便會保持距離，他們會到另一個房間、掛電話、離婚，有時也會搬得離對方遠遠的。他們極少溝通，卻經常想起彼此，而這使得焦慮繼續存在。

切割，維持距離的極端型態，是在情緒上試圖將重要他人從心中移除的做法。切割或許是在地理位置上分隔兩地，兩人互相不關心、也不連絡；亦或者，會住在同一個屋簷下而彼此做情緒上的切割，雙方很少甚至完全不會想到彼此。

另一方面，人們在融合的關係中，會呈現高功能或低功能的互惠狀態。高功能者會試著幫忙、無所不知或以其他的方式

支配低功能者；而低功能者則會任由高功能者支配，讓自己的感受或行動都顯得不重要，失去方向，尋求高功能者的指引，並且低功能者經常生病、成癮或在學校、工作上表現不佳。

三角化的伴侶關係，會將兩人之間的焦慮傳遞給第三者，他可能是孩子、外遇對象或朋友。當聚焦於第三者，反而阻礙了伴侶兩人解決關係困境。

這些模式就是融合以及其所創造的情緒壓力之徵兆。它們或許會舒緩關係之間的壓力，但過度使用反而會增添壓力。然而，我們每個人在某些程度上，都會處於融合狀態，因此，在每一個家庭中，這些徵兆多少仍會存在。

人們受到家庭融合影響之另一種描述，就是每個人在原生家庭中，多少都還存在某種程度的基本自我（獨立、分化、情緒成熟），而這個基本自我正好對立於自我中不成熟的部份，也就是假自我或功能性自我（情緒不成熟、連結趨力、未分化）。這個概念以下圖說明：

基本自我

假自我或功能性自我

基本自我與假自我

基本自我

　　基本自我是我們已分化的部分（成熟的、最佳的、獨立的），基於邏輯與事實，它在仔細思考的原則下被引導，能夠意識到人際關係中該有的考量，卻不受它們影響。它能夠依靠自己，知道它所處的立場及所堅信的理念。基本自我具有不可滲透的界線——不會向別人借用或借讓自我，越多的基本自我，生活將會越順利（焦慮較少、關係較好、決策較佳）。

假自我

　　假自我，或功能性自我，是我們未分化的部分（較不成熟、連結性導向的功能、扮演出來的自我）。假自我會在關係融合中，奉獻自我給對方或從對方身上取得自我。相較於以事實、經驗、邏輯或仔細思考的原則，它是由情緒（自動化反應）和周遭環境——尤其是人際關係——引導。假自我的界線是可以被跨越的，假自我越大，界線越容易被滲透，越會受到關係融合的影響，生活也會越不順利，生活經常面臨到周遭的焦慮、不良決策、不佳關係和個人所造成的問題。

　　「自我分化量尺」是另一種思考這些變異的方法，如下圖：

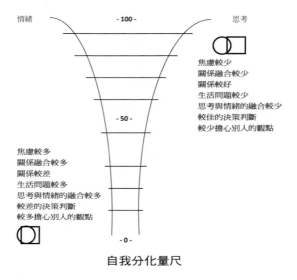

情緒   - 100 -   思考

焦慮較少
關係融合較少
關係較好
生活問題較少
思考與情緒的融合較少
較佳的決策判斷
較少擔心別人的觀點

- 50 -

焦慮較多
關係融合較多
關係較差
生活問題較多
思考與情緒的融合較多
較差的決策判斷
較多擔心別人的觀點

- 0 -

自我分化量尺

了解人類家庭中的情緒性事實，並且具備「系統思考」的能力，讓我們能夠站在一個觀察點，去思考像組織這種更大、更複雜的有機體。

想一想

獨立性（或分化）－我們之成熟部分－和連結性（或融合、未分化、不成熟）是相對的驅力。這兩股驅力會運作於我們所成長之家庭的融合中，而形成了每一個人不同的平衡或張力。一般來說，我們從家庭中所獲得的平衡，會跟隨我們一輩子。

實際生活的探討

1. 描述獨立性驅力。

2. 描述連結性驅力。

3. 它們是從哪裡來的？

4. 它們有哪些同義詞？

5. 什麼是融合？

6. 我們如何能得知自己行為是出於融合的狀態？融合有哪些徵兆？

7. 未分化？核心家庭情緒系統如何產生分化？

9. 分化和未分化，各有哪些同義詞？

10. 描述假自我。

11. 描述基本自我或堅固自我。

chapter

②

分化
——節錄Bowen的闡述

　　若「核心家庭情緒系統」敘述個人在家庭系統中的連結性，則「自我分化量尺」闡明並強調的是獨立性。

　　關於自我分化的概念，已有許多學者提出不同的論述，然而，Bowen的原始描述是最清晰且具指導性的。讓我們回顧Bowen最初在闡述這個概念時的想法，以獲取它最準確與最原始的意義。

　　Bowen博士曾就他的假設，多次寫下不同分化量尺的不同生活樣貌，以下是他在1971年所撰寫的一段內容：

　　「自我分化量尺，此量尺是在單一向度上，對所有人類功能，由最高到最低進行評估的一種方法。此量尺

的分數範圍介於0到100之間⋯⋯」

「在尺度的最低點，為最低可能性的自我，或最大程度的無自我或未分化。在尺度的最高點為一個假設性的程度，是人類仍未達到的完全分化的完美自我。分化的程度也就是一個自我的融合程度，或在親密的情緒關係中，合併於另一個自我的程度。」

「此量尺與情緒性疾病或精神病理無關，有一些低自我分化的人，能夠生活在平衡的情緒狀態而未產生情緒徵狀，也有一些高自我分化的人，在劇烈壓力下產生徵狀。然而，低自我分化的人面對壓力較為脆弱，也較易產生生理上及社交上徵狀等疾病，且當徵狀發生時，他們的功能障礙也較容易轉化為慢性疾病。反之，高自我分化者，較能夠在壓力舒緩之後，很快地恢復情緒的平衡。」

「自我有兩種不同程度的假設。一個是堅固自我（solid self），由堅定的信念和想法所組成，它是緩慢形成，可以由自我本身去改變，而且它絕不會因他人的壓迫或說服而改變。另一個是假自我，假自我從吸取他人的知識與原則所組成，是獲取自他人並且在人際關係中可轉讓的，為了強化或反對他人眼中的自我形象，假自我會在情緒壓力下而有所轉變。」

「一般人的堅固自我，相對於假自我的程度是比較低的，通常，假自我在關係中能夠正常運作，但在像婚姻那樣緊繃的情緒關係中，一個人的假自我會與另一半的假自我合併，一方會成為功能性的自我，而另一方則會成為功能性的沒有自我。」

「低自我分化者，生活在一個無法區別感覺與事實的感覺世界中，生活中大部分能量都投入在尋求愛、認同感或因對方無法給予這些所需而攻擊他人的狀態，導致沒有剩餘的能量來發展自我或目標導向的活動。低自我分化者的生活完全是以關係為導向，根據感覺的對錯做為生活中重大的決策依據。一個低自我分化者之所以能夠過著正常且無症狀的生活，是因為這個人能夠以付出和接納愛，與他人分享自我，以維持感覺系統的平衡狀態。低自我分化者因為經常借用和交換自我，在自我的功能程度上呈現極大的波動，因此，除非是經過長期的時間觀察，否則要評估他們自我的基本程度是極為困難的。」

「在團體中，低自我分化者較容易產生問題，人際關係薄弱，而且當他們還在面對上一個問題的同時，新的問題就會在不易察覺的地方產生。當關係失去平衡時，家庭功能會伴隨著症狀或其他問題的產生而崩壞。他們也可能對於感情麻木，沒有任何多餘的能量去尋求愛或認同感，因為過多的能量已投入每天生活中無時無刻的不舒服感。在量尺最低點的人，是那些嚴重到得住進看護機構的人。」

「位於尺度25到50之間的人，亦生活在以感覺為主的世界中，但其自我的融合較不強烈，且具有較強的自我分化潛力。生命中重大的決策，是根據對的感覺而非原則。生活中大部分的能量投入在尋求愛與認同感，剩餘而能用來發展目標導向活動的能量並不多。」

「位於尺度35到40之間的人，是以感覺為生活導向者的最佳典範，他們不像位在更低尺度者所表現的無能或生活麻木，

他們的感覺導向更為明顯。他們對不協調的情緒、他人的意見及塑造良好的印象等都很敏感。對於臉部表情、肢體語言、聲調語氣、認同或不認同的表達動作，都非常敏銳。在學校或工作上的成功決定於他人的認同，而不是工作的基本價值。他們的心靈隨著對愛與認同的表達或缺乏而高低起伏。這些人具有低程度的堅固自我，但是也擁有合理程度的假自我，而這假自我，是由關係系統中所取得，而且是可互相轉讓的。」

「位於尺度25到50之間較高部分的人，具有一些對理智原則的覺察，但在系統中，他們仍然與感覺融合，因此導致萌發中的自我以獨斷而權威性的方式表達，或像是高度服從的學徒，或像是反抗的叛逆者。這個群體中的一些人，會將這些理智運用於關係系統中，在年幼時，這樣的能力運用於學習上，會讓他們獲得認同感。他們或許缺乏自己的信念與想法，但能夠很快速地知道別人的想法與感覺，這類的知覺為他們自己提供了一個表面的假自我。若他們的關係系統允許，他們能夠成為優秀的學生或學徒，假如他們的期望不被滿足，他們將在既定的規律中，精準地塑造出反抗的假自我。」

「位於尺度50到60之間的人，能夠覺察出理智原則與感覺的差異，但他們仍然受到關係系統的影響，他們會猶豫說出他們所確信的，以免得罪傾聽的人。」

「位於量尺更高分數的人，能夠有效地認清理智原則與感覺的差異，他們不會為了強化自我或辯護自己，而攻擊他人的信念，他們能自在且平靜地表達自己的信念。再者，他們能充分自由地控制自己的感覺系統；能夠在情緒的緊密及目標

導向的活動之間做選擇，並能從選擇中得到滿足感和愉悅感。相對於那些自我感覺是萬物中心，或經常過度重視或看扁自我的低自我分化者，他們更能夠真實地在自己與他人之間評量自我。」

「作為一個全面觀察人類現象的理論性概念，自我分化量尺是極為重要的。它的價值在於評估人們的整體潛力及預測他們一般的生活模式，但它並不適合做為月與月之間，或是年與年之間的短期評量。因為假自我在情緒系統中具有太多的借用及借讓的情況，尤其是對於低自我分化者，其自我程度之功能性的大幅度變化，造成使用這些短期間資訊進行評估作業的困難。」

「大部份的人，在他們長大離開家後，仍生活在同樣的自我分化程度，他們會在婚姻中鞏固這個程度，而之後便不會有太多能夠改變這個程度的生活經驗。許多生活經驗會自動提升或降低自我的功能程度，但這種變化，容易獲得也容易失去。提升自我之基本程度的方法很多，但這是生活中一項龐大的任務，而且容易覺得努力與收穫不成正比而做罷。在此所描述的心理治療方法，目的是為了幫助家庭，達到更高一點的自我分化程度。」

Bowen在1972年寫道：

「位於較低尺度的人，生活在一個被『感覺』控制的世界中，大多時候，感覺和主觀勝過於客觀的理性推理，他們無法區別感覺和事實，生活中許多重要的決定是根據『對的感覺』，主要目標皆環繞於愛情、快樂、舒適與安全感，當人際

關係達到一個平衡狀態時，這些目標就近乎完成。他們生活中大部分的能量，都投入在尋求愛、認同感或因對方無法給予這些需求而攻擊對方，導致沒有剩餘的能量來發展自我或目標導向的活動。愛情、關注與認同感的接受與付出，成為生活的重要原則。只要人際關係系統能夠維持在一個舒適的平衡狀態，生活就保持在沒有徵狀的適應狀態。若發生破壞或危害關係平衡的事件時，就會產生不舒適感和焦慮。人際關係系統的慢性破壞，會導致失功能以及產生生理性、情緒性疾病以及社交功能障礙等問題。位於較高尺度的人，具有逐漸明確的基本自我和較少的假自我，擁有更多的自主性：在親密關係中較不會情緒融合，較不需花能量在融合之中以維持自我，因而有更多能量，能夠用於目標導向的活動，並且能夠從這些活動中獲得更多的滿足感。越高尺度的人，越能夠在感覺和客觀的現實之間做區別。舉例來說，在尺度50至75之間的人，更加能夠在關鍵問題中保有信念和想法，但他們仍然會在乎別人對他們的看法，因而有些決策是為了想要獲得別人的認同而做出來的。

「理論上，在量尺100以下之每個尺度的親密關係，都存在著某種程度的融合，以及某種程度的『未分化之家庭自我團』。最初在發展量尺時，100分的尺度是保留給能夠在情緒上、身體上與生理上各方面功能皆完美的人。我猜想著歷史上或現實生活中，或許有能夠符合90分尺度的特殊人物。熟悉這個量尺概念會發現其實所有人在生活中皆有功能好及功能不好的部分……在我印象中，位在75的人，算是程度非常高的了，而在60的人，在社會中也只佔有非常小的比例。

「高自我分化者，能夠表現這個概念中非常重要的一部分特徵，他們能夠具體而清楚地區別感覺與思考的不同。因為能夠區辨感覺與思考，所以生活較能受到明確且深思熟慮的想法所掌控。反之，低自我分化者的生活，則受到情緒歷程的波瀾所控制。在人際關係中，高自我分化者能夠自由地從事目標導向的活動，或自主地在親密關係中失去「自我」。相較之下，低自我分化者若不是逃避人際關係，以避免不自主地陷入不自在的融合狀態，就是為了滿足情緒『需求』而持續追求親密關係。高自我分化者較不受讚美或批評的影響，而能更確實地評估自我。反之，低自我分化者的自我評估，則會遠高於或低於真實狀態。

「詳細記錄家庭逐年在功能上的變化，能夠準確地闡明家庭成員彼此之間的模式。即使是自我分化程度只有幾分差異的二人，也會因生活型態的差異，而不與對方發展進一步的私人關係。有很多生活經驗可以提高或降低自我的功能程度，但很少經驗能夠改變從成長家庭中所獲得的基本分化程度。除非出現某個特殊狀況，否則從成長家庭中獲得的基本程度在婚姻時就已鞏固，婚姻之後也只會有功能性的調整而已。這些功能性調整可能會很驚人，舉例來說，一個原本和先生功能性程度相當的妻子，可能會逐漸失去自我而長期酗酒，她會因此在低於自己原本的功能程度下運作。相對地，先生則會在高於他原本的功能程度上運作。許多這類功能性程度其實都已充分地鞏固，對於沒有經驗的人，它們看起來就像是基本程度……」

到了1976年，這觀念被更詳細地闡述：

「接近量尺融合的一端，理智被情緒所淹沒，以致是情緒過程、而非想法或觀念，決定了生活的所有方向，理智成為情緒系統的附加物，它能夠在數學、物理或和自己無關的事物上運作良好，但在自身的部分，仍是由情緒所控制，情緒系統被視為掌管自主功能之直覺力的一部分。人類很擅於強調自己與低等動物的不同，然而，縱有這些理智性解釋，生活越是由情緒系統所控制，它越是遵循直覺性的行為。高度自我分化者能夠更清楚地區別情緒系統與理智系統在功能上的差別，雖然掌管本能性行為的自動化情緒力量是一樣，但理智能夠充分自主地掌握邏輯推理並根據思考做決策。當我最初提出這概念時，我以「未分化之家庭自我團」來形容家庭中情緒『黏在一起』的狀態。雖然這個用詞，是以一般理論中的字眼所組成，又與生物學的觀念有所不同，但它對於情緒融合的描述最貼切且準確……」

「對自我分化最普遍的批評，就是認為一個分化的人，顯得冷漠、有距離感、僵硬且沒有情緒。一直以來，許多專家大多認為自由地表達情緒就是高功能的表現，而理智化代表的就是對此功能性的一種不健康的抵抗，因此要他們能夠掌握分化的概念是極為困難的……一個未分化的人，是被困在感覺世界之中的……這部分的這些人……會採用隨機、矛盾、聽起來很理智化的言語，來為自己的困境做解釋。一個較分化的人，能夠較自由地投入情緒的氛圍中，不會害怕與別人太過融合，他也能夠輕鬆地轉為冷靜，以邏輯判斷來主導他的生活，而這種邏輯推理的理性過程，不同於情緒融合者的前後不一，或理智

化的言論⋯⋯」

「⋯⋯這個原理的架構及量尺的說法，讓許多人寫信來尋求這套『量尺』，大部分來信者其實不僅沒有掌握這個概念，也不了解主導各種分化程度的因素。理論性的概念是最重要的，因為它消除了精神分裂症者、神經官能症者和正常人之間的界線，也超越了天才、社會階層、文化及民族差異等族群分類，並且適用於所有人和各種生活型態，若我們知道得夠多，它甚至適用於其他近似人類的生物⋯⋯」

「⋯⋯在情感親密的時候，兩人的假自我會互相融合在一起，一人失去假自我，另一人獲得假自我。堅固自我並不會參與融合的現象，堅固自我表明著『這就是我，這是我相信的，這是我的立場，這是我願意或不願意做的』。堅固自我是由清楚界定的信念、想法和生活原則所組成的，這些都會在自身生活經驗中，經過理智的判斷和謹慎考量所有的選擇之後，被併入自我之中⋯⋯每個信念和生活原則都是相互一致的，即使是在高度焦慮或被脅迫的狀態之下，自我也會在遵循這些原則運作⋯⋯」

「假自我由情緒壓力所塑造，也受情緒壓力而改變，無論是家庭或整體社會，每一個情緒單位都會對團體成員施加壓力，使他們順應團體的理念與原則。因為假自我是被團體所要求，或是被團體所認可，所以假自我是由來自各式各樣的原則、信念、哲理和知識所組成。因為這些原則是在受到壓力下取得，所以它們是隨機和相互矛盾，同時個體也不會意識到這些差異。相對於經過謹慎邏輯推理而將堅固自我併入自我

之中，假自我則是附加在自我之上的。假自我是個『假裝自我』，它是為了順應周遭環境而獲得，其中包含了各種型態，以及相互矛盾的原則。假自我會以這些原則來假裝與各種社會團體、機構、事業、政黨、宗教團體，處於感情和諧的狀態，亦不會意識到各群體之間的差異，而參與團體的動力，受到關係系統影響遠遠大於原則判斷……堅固自我能夠理智地覺察到團體之間的矛盾，並在理智過程中，根據輕重緩急的判斷，來決定是否加入團體。」

「假自我是一位能夠扮演多種不同自我的演員，它能扮演的角色非常廣泛。事實上，他能夠扮演得更加重要或不重要、更加堅強或不堅強、更加有魅力或沒有魅力……堅固自我的程度是穩定不變，而假自我則是相當不穩定，會受各種社會壓力或刺激所影響。假自我在關係系統的指示下所形成，並在關係系統下有所妥協……」

「……我相信我們對堅固自我的了解程度偏低，並高估了對假自我的了解程度。假自我以很多付出、接受、借讓、交換自我的方式，參與融合的過程，在任何一個交換的過程，會有部分的自我被放棄，兩人皆期望自己能夠成為對方的理想自我，並且會互相要求彼此能夠不一樣。這就是假自我的假裝和交換。在婚姻中，兩個假自我會融合為一個我們，主導的一方會獲得對方所放棄的自我，配合的一方或許會自動放棄自我，給主導的對方，或者，這交換也可能會在討價還價之後完成。自我交換的進行可以是長期或短期，夫妻之間愈能夠互相交替角色，婚姻就會愈健康。在工作場合中，可能會不由自主地借

讓與交換自我，結果是某個人會得到自我，而某個人會減少自我，或失去自我的程度。假自我的交換其實是一個自動化的情緒過程，它就發生在人們以微妙的生活姿態去操弄對方之際。交換有時是短暫的，例如，一則批評能讓一個人因此不開心好幾天，交換有時是長期的，例如，一個適應力較強的伴侶逐漸失去自我，直到他或她已無法再為自己做決定，最後因無自我之失功能－精神病或慢性疾病－而崩潰。對於較高自我分化者，或在焦慮程度較低時，這些機制比較不會這麼激烈。人們在情緒網絡中，失去和獲得自我的過程十分複雜，調整的程度變化極大，因此，除非長期追蹤一個人的生活模式，否則要能夠評估分化的功能性程度，幾乎是不可能的。」

「低自我分化者的樣貌……當表達意見或想法時，他們會說『我感覺……』，他們認為表達『我感覺』是真心誠意的，認為表達意見則是虛偽、不誠懇的。他們每天的生活都努力在維持人際關係系統中的平衡，或在焦慮時造就某種程度的安慰和自由。他們無法訂定長期的目標，除了有些模糊的概念以外，如『我想要成功、快樂、擁有個好工作、安全感』，他們依賴在父母身上長大，之後他們會尋找同樣可以依賴的人際關係，用以借用充足的力量來運作。比起擁有自我的人，無自我者可能會比較善於取悅老闆和擅長成為一名好員工，這一群人忙著在所依賴的人際關係中維持和諧，他們無法解決任何一個症狀性的危機，同時也放棄去做無謂地適應。」

「中度自我分化者的樣貌……生活型態比低自我分化者較彈性。當焦慮程度低的時候，他們的功能表現猶如較低程度

自我分化者，他們過著關係導向的生活，生命能量都用於愛與被愛，以及尋求他人的認同感。與較低自我分化者相比，感覺較易表達出來，生命能量用在別人的想法、贏得朋友和取得認同感，而不是目標導向的活動。自尊來自於依賴別人，他們可以因為一句讚美而情緒高昂，也可以因為一則批評而低落。學業的成就與學習的主要目標無關，而是和認識學校系統及取悅老師等有關。事業或社交上的成功，仰賴著取悅老闆或社交領袖，成功比較和他們所認識的人以及贏得的社會地位有關，而與工作本身的價值無關。對知識缺乏堅定的自我信念，他們會引用假自我的句子，如『原則上……』或『科學證明……』，摘取片段資訊以表達自己。他們或許有充足可運用的功能性智慧，來掌握與自己無關的學術知識……但是缺乏與自身相關的認知，他們的生活混亂不堪。」

「假自我是一位順從的學徒，假裝著與某些哲學或哲學理論和平相處。當他感到煩躁時，他會扮演反叛者或革命者的反派角色，這位反叛者只是缺乏自我而已。他的假自我樣子，只不過是與主要觀點完全相反罷了，革命者也只不過是在反抗既有的系統，在這個位置的他，並沒有任何可以付出的，在情緒狀況的另一極端亦存在同樣的結果。我因此將這樣的反抗定義為阻礙改變的振動，它是一股在相同的幾個點上，以關係為導向來回徘迴擺盪的力量，但問題就是，任一個面向都決定於另一個面向，沒有一個面是能夠獨立存在的。」

「中度自我分化者具有非常強烈且明顯的感覺表達……他們一生都在追尋理想的親密關係，當他們找到這個親密性

時，情緒融合就會增加，導致他們會以保持距離和疏離作為回應，而這又會引起另一個親密性循環。當他們無法找到這親密性時，他們可能會退避或沮喪，或在另一段感情中追尋親密性……」

「中度至中高程度自我分化者的樣貌，這一群人具有充足的分化能力，能在情緒和理智系統之間做區別，且能夠使兩系統團結合作並且共同運作。理智系統……能夠自我掌控，自主運作，在焦慮增加的時候，不被情緒系統所控制。（功能程度）在50以上的人……知道情緒系統在部分功能運作上的效果，但在關鍵時刻，這些不由自主的情緒性決策，反而會為整體製造長期的問題；在50以上的人，生活中多數重要的部分，已發展出相當程度的堅固自我，在平靜的時候，他們能夠採用邏輯推理來發展想法、原則和信念，藉由這些原則讓他們在焦慮或恐慌的情況下，還能夠控制情緒系統……這一群人之中，自我分化程度較低的人，雖然他們會知道有更好的方法，但是……他們最後仍然會過著與功能程度50以下的自我分化者雷同的生活型態。」

「這一群自我分化程度較高的人，他們具有較多的堅固自我……不再受困於情緒－感覺世界之中；他們可以生活得更自在，能夠在情緒系統中享受情感生活；他們能夠完全參與在情緒狀況之中，並清楚知道自己能夠在必要的時候，運用邏輯推理而跳脫情緒。有些時候……他們會允許情緒系統以自動駕駛的模式全面掌控，但在面臨問題時，他們能夠出面掌握，安撫焦慮及避免生活上的災難……他們並非沒有意識到關係系統，

只是與其在乎別人的想法，他們更能夠由自己決定自己的人生方向……他們會與分化程度相當的另一半結婚，兩人如果程度不同，生活模式就會不一樣，兩人之間情感就不會相合。婚姻是功能上的合夥關係，伴侶之間能夠在不被彼此奪取自我的情況下，盡情地享受情感中的親密性。它們能夠一起或單獨地成為自主的自我……夫妻……能夠允許他們的孩子去成長並發展他們自己的自主自我，不會有不適當的焦慮，也不會試圖將孩子塑造成自己想像的樣子。夫妻和孩子都會為自己負責，不會因為失敗而責怪誰，也不會因為成功而讚賞誰。較高自我分化者在所需情況，不論是與別人合作或是單獨工作，都能夠有良好的表現。他們的生活較有條理，能夠較順利地應付更廣泛的人際狀況，也較不受困於各種人際問題……」

「……一個經常會犯的錯誤是將一位較高自我分化者視同一位『不完善的個人主義者』，我認為不完善的個人主義，是一個人努力對抗情緒融合的誇大假裝樣貌，而一位自我分化者能夠隨時覺察到其他人及自己周遭的關係系統。有太多的力量、反抗力以及有關分化的細節，唯有廣泛掌握整體人類現象的全貌，才能夠看清楚分化的現象。當看清這現象變成可能時，自我分化就會全面地在我們眼前運作。當看清這現象變成可能時，這個概念就能夠運用於人類形形色色的各種狀況，然而不去了解它，就要試圖運用它，只會徒勞無功罷了。」

第二部分
基礎藍圖
——指導原則

「理論被視為背景藍圖」

chapter

3

高分化的領導力

　　我們已知道如同家庭這樣的團體會影響並塑造一個個體，但一個個體，尤其是領導者，對團體也具有深厚的影響，就如同一位家長，在核心家庭中擔任領導者，會決定這個家庭的情緒氛圍和各種方向（例如理智上、指導原則和目標），一個團體也會向組織中的領導者尋求方向和指示。成人們不喜歡被過度領導，同時又會指望有個負責人，或許這亦是一個團體會有的需求。而這可能源自於塑造我們情緒生活極為重要的原生團體，也就是核心家庭，早就存在著領導力——家長的領導力。

　　領導力的現象，也許比我們想像的更為普遍，甚至在其他物種中也觀察得到。狼、狗、獅、鵝等物種都會

在它們的社交團體中展現領導力。在Cesar Milan的「報告狗班長」（Dog Whisperer）節目中，甚至表明了如果主人沒有表現出「家中老大」應有的行為時，家犬經常顯得情緒焦慮。

即使成人在非家庭團體中不太需要指示，也不喜歡被教導（如同小孩在家庭中不喜歡被教導一樣），但是他們仍會指望有領導力的存在，而且希望能夠與它有所溝通。雖然團體中的成員會想要參與發想、構想、執行和決策，他們也同時希望領導者能夠扮演好他自己的角色，期待領導者能夠掌握整體、組織並且能刺激或帶領成員朝目標前進，在必需的時候，還要能維持秩序，提醒團體成員應遵循的指導原則。當領導者有最佳思維時，團體會特別珍惜並且能夠理解這些想法，但是當領導者是低功能、未盡本份，或是過度高功能而做了其他團體成員能夠做得更好的事，此時團體焦慮程度會上升，成員會進入各種關係模式，而這個團體的功能將會下降。

我們要追求何種影響力？

所有教會或組織之類的情緒單位，領導者（在某些程度上，團體成員也一樣）都具有影響力，他們可能會造成負面的影響，如阻礙團體前進的動力——當他們扮演的是低分化的領導者時，他們會依照自己的情緒帶領團體，要求成員聽從並且執行他們的決策。大部分低分化領導者是不會給予團體成員參與決策過程的空間的，他們以關係作為領導，聚集一群願意支

持他們的人。當低分化的領導人察覺不被支持時，團體成員經常就會被排除。[1]

另一方面，在領導職位上，身為一個過度低功能的人，甚至可能不做事。整體而言，低分化的領導者，會為組織添加更多的麻煩。

若運用系統思考，領導者的影響通常會是正向的。高分化領導者之所以具有魅力，是因為他們會參與團體生活，並在不完全控制的情況下，提供組織和全體成員能夠成長發揮的氛圍。

在高分化的領導力中，我們應該追求什麼樣的互動關係呢？一位以家庭系統原則做為指引的領導者，能夠以基本自我（而非假自我）來與人互動。對於系統思考者而言，基本自我的形象是成為高分化領導過程中，一個相當有用的工具。當一個人以冷靜、具邏輯性、分化自我的部分來與人互動時，他／她會：

- 在團體成員騷動不安時，發揮安撫的作用。
- 對於自我和他人，都能促發具原則性的思考。
- 以清楚的界線、公平性和開放性與他人互動。
- 以自己的原則和系統思考作為引導。
- 謹記著自己和團體的指導原則，並適時將這些原則提出來。

---

[1] 作者本身即見識過這類的排除，只因在單純、不太強烈、且不太重要的政策上意見不合，就被排除。無論威脅是否真實存在，這類排除也會在由於人們表現太好或被低分化領導者視為威脅的時候發生。

・能夠協調地運用情緒和思考，在兩者之中做出決策——
能夠促進事情往前走的奇妙組合。

領導者

　　如同家庭一樣，組織中存在著兩股相等且相反的力量——
獨立性和連結性——互相作用著。連結性的部分，係指當人們
聚在一起時，他們在情緒上會互相刺激，因此要進行一場平靜
的會議是有困難的，光是參與一個團體聚會，對情緒就極為刺
激了，更遑論是一場派對或慶典活動。

　　當在工作會議中，會有連結性的干擾，情緒的緊繃也會隨
著這過程而提升。再者，大腦會在情緒緊繃之中表現不佳。因
此，領導人要如何面對這樣的現象，激發個人產出最佳思考是
很重要的。領導者告訴每個人要冷靜，或與他們講述理論，幾
乎沒用，然而，這卻是一個領導者試圖改變其他人的做法。

　　如果領導者與團體的情緒刺激維持距離，在自我內在工
作，保持更平靜，並仍與團體持續互動，這對團體會產生正向
的作用。即使需要較長的時間，平靜和焦慮一樣是會感染的，
如果一個領導人能夠處於團體的情緒過程之外，但又與它連
結，表現得有興趣、好奇、有想法，團體的情緒會因此更加平
靜並達到更好的結果。所謂冷靜的情緒，係指更可靠的思考和
更好的關係，能夠這樣管理自己情緒的領導者，是組織中的一
大資產。

思考的領導者

領導者的另一項工作，就是不斷地思考，對於團體中所有成員亦是，任何團體都需要成員最佳的思考，如我們所見，團體本身的連結性和反應會使它偏離方向，某些員的不成熟或焦慮，都會強化團體的反應並增強情緒。因此，領導者的工作就是得根據事實、邏輯和原則，保持頭腦清楚地運作。當領導者這麼做時，團體則會跟隨，並能夠堅固思考，做出更佳的決策，提前規劃並考量可能發生的各種意外。

領導者要如何保持清楚思考，在於有意識的決定，理智地與團體連結，並同時處於團體的情緒過程之外。讓自己與別人的情緒保持分離與差異，這不是「自然」或「直覺性」，但是，由這樣原則所引導的高分化領導者，能夠對團體功能帶來很大的不同。

與人接觸的領導者

高分化領導者是一位人際關係大師，能夠開放地與別人接觸，平等且保有獨立的自我界線。開放性的指導原則指的就是連結，它係指與重要他人保持開放的溝通──那些重要的人，不只包括對於團體狀態重要的人而已。

如果團體中有人特別焦慮，更必須保持開放的態度，如常地去接近他或她，通常這些會面不需花太多時間，但它們必須

被執行。我們最常避開的人，反而是最需要接觸的人，在與他們的關係中，我們能學會管理自己——我們從輕鬆的關係中並不會學到太多。領導者冷靜地與團體中焦慮的成員接觸，組織能夠免於內部焦慮的提升。

平等的關係是指我們不會在關係中過度高功能或低功能。我們大部分的人都需要在這部分加強，很多人會達到領導的職位，是因為他們的高功能，而組織會以晉升來獎賞這樣的人（對他們自己而言，就是做出自己能夠且應該為自己做的事）。很多成為牧師的人（或其他的專業）都出生於會協助他們成為高功能者的家庭之中，因此，領導者的職位對他們而言是「感覺對的」，而有些人就是在情緒的振奮下接受這職位。一位高功能的領導者，對於即將死去、已死或低功能的團體是極不搭配的，這樣的領導者會無法理解為何其他人不願意挺身而出。高功能者無法在一開始就看出自己在這問題中所扮演的角色，但是當他們停止為團體做它自己能做的事情，通常團體的功能就會自動轉好。

當領導者低功能時，無論什麼原因，不成熟往往就會出來主導局勢，領導者會不明白為何大家都在告訴他要做什麼。筆者曾見識過一個狀況，不積極的領導人被一小群人所代替，這個教會在需要經常會面做決策時表現得不錯，在這同時，他們會不斷的把決策回報給領導者，告知在位的領導者他們在做的事情，並與他保持接觸。

即使處於一個該負責任的位置，如果這位領導人能與每個人平等相待，那麼所有人也會感激他。這樣的人是非常難得

的，要發揮這樣的能力，則需要技巧和練習。我們大部分人因為成長家庭的模式，所以都會在關係中感覺自己在某些人之上，或某些人之下。因此，當有人將我們視為平等，不以什麼都知道的姿態，告訴我們該怎麼做，或總是在尋求我們的協助——單單如此地，肩並肩——我們就會知道，我們正在和一個非常特別的人共處。

清楚的界線會成為高分化領導者的一套裝備，這些裝備來自於基本自我——最好、最分化的一部分。基本自我可以和平地去不認同別人，而由原則、邏輯和事實所引導，他能夠不需得到所有人的認同而輕易的達到他想要的。最分化的自我保留在界線之內——不占他人便宜或讓別人占便宜。自我在關係中既不失也不得——因為擁有完整的界線，它知道可以承受及無法承受的部分，當關係較不焦慮也沒有人受害時，人際關係就不需費太多的力氣。

這些原則在所有的關係中都管用——無論是家庭、員工、團體成員或教會／組織領導者，歷經時間與磨練，我們能夠使它們成為生活中的一部分，而這些原則會變得更輕鬆也更自動化。但是當焦慮攀升時，總會掙扎於是否能夠讓最好而且具原則的自我有所表現。

指導原則

指導原則會在關係中及整體生活中引導著基本自我，越清楚瞭解這些原則，它們越能夠發揮作用。與職員和團體成員

互動時，越能發揮這些原則越好。它們不僅能夠幫助我們避免犯錯，更能夠引導我們走向更有幫助的方向，協助我們做決策。[2]

許多人並沒有花時間去定義他們的指導原則，但那些將指導原則視為一項持久任務的人，在長期中會表現得更好。他們會感覺更好，將感情處理得更好，思考得更清楚，並且享有更多生活中的成就，同樣地，組織也能在明確的指導原則中獲益。使命、目標和願景，這些都是與指導原則一致的。

組織需要指導原則嗎？

組織通常不會在指導原則中花太多的心思，但如同高分化領導人，高分化的組織反而會這麼做，而且，這會是組織提升功能的一個過程，這樣的組織會更持久，也會更加成功。Collins在《基業長青》（Build to Last）一書，描述一項研究計畫，用於探究長期持久企業之所以成功的因素，其中一項成功因素就是這些企業具有清楚明瞭的指導原則，他們會堅守這些原則，並在計畫和決策過程中遵循它們。[3]

---

[2]　有關指導原則，請詳見第4章。

[3]　Collins, J., Built to Last, Harper Collins, New York, 1994。

教會需要指導原則嗎？

現今的教會經常不會意識到指導原則的重要性，若他們能夠意會到，並有意識而努力地接受指導原則的帶領，他們多少會更加成功。

Nancy Ammerman[4]博士是一位專研宗教團體的社會學家，做過一項有趣的研究，她發出上千封問卷給會去做禮拜的人們，問他們為什麼會去做禮拜，她得到了很多種的回應，但其中最普遍的就是：「我上教堂是為了聽上帝的話語。」

如果這就是人們上教堂的原因，則這當中是有矛盾的：據說上帝在60年代的「上帝死亡運動」[5]中早已死去。從那時候開始，教會領導人較偏向於教導心理學和道德倫理，據說有些領導人會去闡述Bowen理論。這種情況的一種解釋為：有些龐大的組織已經失去了指導原則或自我，然而，人們上教堂是為了聽上帝的話語，卻沒得到他們的期待，那麼，喪失了指導原則，會不會是教派縮減的部分原因呢？若果真如此，則解救之道，不言而喻。

---

[4] 作者在多年前一場由Dr. Petersteinke所主持的訓練會中，得知Ammerman博士的這份研究結果。

[5] 「上帝死亡運動」（Death of God movement）一開始為一個哲學運動，但後來登上了《時代》雜誌的封面。

專注於指導原則與自我管理

在觀察和管理自己的焦慮時——專注於自己的指導原則和管理自己的反應——人際關係就會進步，若領導者的關係進步，組織中就會有較少的焦慮，整體組織的關係亦會提升，如此也能解放組織中成員的能量，進而投入於工作中。

想一想

卓越的領導人是高分化的領導人，意指他們具有較高的自我分化，或他們正在持續加強提升著基本自我的程度，在關係、思考及決策過程中，他們由指導原則引導著。

他們是系統思考者，因此對關係模式的瞭解能協助他們避免犯錯。他們能夠管理自己的焦慮，不使它擴散於在組織中，也不會接受團體中的焦慮，他們會更多而非更少地去和焦慮的成員互動。

對於任何能夠吸引到他們的高分化組織，他們是組織中的重要資產。

實際生活的探討

1. 描述一位低分化的領導者並舉例。
2. 描述一位高分化的領導者，你有遇過嗎？

3. 描述高分化領導者的人際關係。

4. 高分化領導者有哪些目標？

5. 高分化領導者如何安撫團體？

6. 一位領導者高功能時會怎麼樣？

7. 一位領導者低功能時會怎麼樣？

8. 組織會有「自我」，或指導原則嗎？請舉例。

chapter

4

指導原則

　　指導原則對於高分化的自我非常重要，它們是自我精心思考過的原則，生活的依據。對於很多人來說，Bowen理論如果有經過思考並且在生活中實驗過，它是做為在關係和關係系統中自我管理的一套指導原則，但是Bowen理論不會告訴人們要相信的是什麼，它僅表明了高自我分化者是由他們的原則所引導，他們會花時間思考他們的原則並努力以此為生活依據，他們不會由關係或情緒壓力所引導而是會遵循這些原則。

　　歷史上有幾位遵守生活原則的例子，如喬治·華盛頓（George Washington）和約翰·亞當斯（John Adams）；約翰·衛斯理（John Wesley），因公然表明自己的原則，

對當時英國社會的演化扮演了重要的角色。[1]俗語說，為了使民主成功，人民必須建立基督教的原則，亞當斯曾說過：「這部憲法是為一群有信仰、有道德的國民設立的；若不然，這部憲法絕不夠用。」[2]

對於高分化領導力，指導原則是不可或缺的，就理論的觀點，讓我們來探索它們的幾個面向。

- 指導原則是什麼？
- 指導原則有多重要？
- 團體迷思乃團體情緒的一個過程。
- 指導原則的根據是什麼？
- 採用指導原則的五個步驟。
- 指導原則會帶來什麼效果？
- 團體需要指導原則嗎？
- 指導原則可以改變嗎？
- 有些指導原則是否比其他的好？
- Bowen家庭系統理論不能告訴我們該想什麼嗎？

指導原則是什麼？

在Bowen理論中，指導原則是我們最成熟、最可靠的一部

---

[1] Marginnis, Robert在1999年九月奧地利Feldkirch，所舉辦的Mut zur Ethic會議中所提供的報告。請見Bready, W.,This Freedom——Whence?, American Tract Society, New York, 1942.

[2] Faria, M.A. "The Founding Fathers' High Crimes and Misdemeanors and Impeachment," Medical Sentinel, 1999.

分——即基本自我，它們會在思考、行動、人際關係和決策過程中引導著基本自我。對於系統思考者，家庭系統理論係做為基本自我功能表現的一套概念，如同藍圖或導覽手冊，他們提供「堅固」[3]自我的地基。對於很多人來說，一套靈性或信仰上的教導，是發展原則的出發點。但是如果它們沒有經過精心思考並在實際生活中試驗過，它們不能被視為基本自我的一部分，在那之前，它們仍然只是假自我的部分而已。

有很多的生活功能，如個人的原則，都已包含在家庭系統理論之中，舉例來說，品德是大部分人都很重視的，如誠實、名聲、做事的方法、可靠性。對家庭系統而言，品德是包含在關係開放性的概念之中。

指導原則有多重要？

沒有指導原則就沒有基本自我，這些原則會引導基本自我去思考、行動和實現自我。它們代表著一個更加分化的自我，一個人情緒上越成熟時，他或她會越清楚也越能夠意識到自己的指導原則，當其他人背道而馳的時候，他們能夠指引大家方向。

當一個變幻無常的社會改變了它認為「政治正確」的想法時，指導原則能夠使它穩固，它不會因為政治而改變——或因為人際關係的考量或壓力，它能夠為生活提供一個穩定性。若沒有指導原則，我們將會不斷地跟隨潮流、追逐正「夯」的事物，陷入團體迷思之中。

---

[3]　堅固自我與基本自我常被交換使用。

團體迷思——團體情緒過程

「迷思」這概念是由耶魯大學的Irving Janis所提出[4]，它指的是「團體工作時會共同陷入一種自我欺騙的狀態」，而這來自於「無論如何都得追求和諧共識的渴望」。雖然團體決策能夠達到好的結果，但也可能產生絕大的錯誤，可能是單獨一個人精心思考都能夠避免的錯誤。過度強調一致認同和共識的重要性，反而會忽略清楚思考的成效。

我們應考量團體迷思這個概念，因為它是「最好又最可靠的思維模式——獨立性思考，或指導原則所指導的基本自我」的完全對比。

Janis研究了高層級政府的決策者（例如，美國總統甘迺迪執政期間的豬玀灣事件），他發現了他們共同擁有「無懈可擊的錯覺」，導致「過度樂觀」，因此他們「無法回應危險的警告」，他們「忽略警告並自行將警告合理化」，他們「對團體行為和道德深信不疑，成員相信團體所做出的決策是正義的，不存在倫理道德問題」。再來，他們「對敵方領導人持有偏見」，視他們為邪惡、愚蠢、無能保護自己。更重要的是，團體迷思者會「對團體立場表示懷疑或對團體異議者施加直接壓力」，他們「為了避免不利於團體決策的資訊和資料，視自己

---

[4] From a discussion of the subject in Karl Menninger's Whatever Became of Sin? pp.95-98, taken from Janis, I. L., "Groupthink" Psychology Today, 5:43(November, 1971) and Nevitt Sanford and Craig Comstock, Sanctions for Evil, Jossey Bass, San Fransisco, 1971.

為『心靈守衛』，用以保護領導者和團體成員。」

缺乏解決問題的過程，其後果包括……「限制替代方案的選擇、無法重新鑑定原本優先提拔但已被淘汰的決定、無法向團體中能夠精準預測替代方案之得失的專家尋求協助」，因此，團體一致性成為最終的目標。團體迷思的受害者會避免偏離看似一致的團體共識，他們有疑慮時總會保持沈默，並忽視自己心中所產生的疑慮。此時，團體會出現「權力會做出正確決定」的特質，權力決定了對與錯，當其他團體內的小團體權力夠大時，這種現象也會顯現出來，他們會「分而治之」，通常會因此導致團體的分裂與分歧。

這一切早在三十五年前就已經知道了！而人類要從已知的事實中學到教訓，是如此的緩慢。

很重要的是領導者能了解為自我思考的必要性，每個人皆能表達自己最佳的思考，以及團體情緒過程的危機等。因為了解，他們能夠找到引導團體成員去獨立思考的方法，從這些思考來形塑這個團體，使團體中的每個人都能發揮自己最佳的思考。這些方法可能包含成員在會議之前，預先記下自己的想法，乃至於主持會議者能夠事先了解，避免團體討論時的情緒激發。當團體開始強調獨立思考時，他們將獲得更有效的討論，更好的決策。每個人最佳的思考，能夠達到最佳的決策，這就是一個指導原則。

在領導者個人的生活中，原則能夠促進決策過程，強化並使生活向前邁進。指導原則會指導他們如何做出關係決策——該聘誰、該開除誰、如何在家庭三角關係中行動。無論是對

於家庭或組織，他們能夠在重要關係中做自己，都具有高度的價值。

既然指導原則是部分自我分化的定義，那麼它們代表的就是高自我分化者的一種特色，以及這些人整體生活的一部分。

指導原則的根據是什麼？

生活原則最初的根據，可能是依據或來自於其它的原則－我們已經蠻了解的原則。但當它們在生活中開始被驗證，它們可能會，也可能不會被留下來。在過程中，它們可能因為實驗、失敗或錯誤的原因而被剔除。

它們是根據事實而來，有時事實是很難分辨的，但經過努力和研究，仍可以學習如何去分辨並且邁進；它們是根據邏輯的，如果邏輯不一致，就會造成生活上的焦慮。

很多原則必須一而再，再而三地在生活的大實驗場中被測試，並透過自身觀察，最後我們就知道是否能夠採納它們。

它們並不是根據我們經常聽到、或被教導、或是我們敬佩之人所說的、或是在文化中所涵養的，它們也不是根據我們父母、牧師或老師所教導我們的，它們是經過精心思考並測試驗證過之後，被採納而成為自我的一部分。

採用指導原則的五個步驟

無論我們怎麼想，我們一生都被影響著。首先是在我們的

家庭中，我們被教導不可說謊或攻擊其它小孩，我們被教導要洗碗盤、掛衣服或要有禮貌，我們不可以罵髒話、不可以太晚睡覺或遲到，如果沒有遵守這些原則就會有懲罰。然後在學校裡，我們被教導各式各樣的知識，而且我們會吸取各種行為規範、社交禮儀、經驗觀察，以及各種情緒、思考、邏輯及不合邏輯的意蘊。然而，除非你是非常特殊的，這些都不會成為基本自我的指導原則，它們僅是假自我的引導（因為沒有經過自我的思考，而只是被動採納的）。它們是被動接納的，不經思索的，而且是根據我們生命中重要的人際關係。實際生活上，許多原則對於個體和社會仍是有用的。

指導原則只有經過更深層、精心思考、付出努力、堅定獨立的過程，才會成為基本自我的一部分。這個過程通常含有幾個步驟，這些步驟可能包含：

1.周全的思考

2.必要時對原則進行研究

3.嘗試，並在生活中測試

4.接受或拒絕生活的指導原則

5.時常地重新評估

1.周全的思考

我們被傳授了很多的原則，被告知生活就是如此，很多原則在孩童時期，在相對不經思考下被認同。若我們正朝向相對的情緒成熟，在成人時期，這就必須改變。成人的一項重大任務，就是要停止不經思索地採用別人所告訴我們的，我們必須

親自思考自己所相信或不相信的，我們必須設立自己所相信，且能夠以身作則的原則。

思考並不容易，因為需要費力氣，所以我們會避開它，就如同大部分人會避開費勞力的工作。在進行思考時，大腦吸取的葡萄糖含量（一種計算耗費能量的方式）比在劇烈運動時運用肌肉的量還多。[5]即使它需要費力，但是能夠符合指導原則的事，卻是最值得做的事情，這對於情緒穩定、好的決策和高功能的生活等方面，皆能提供巨大的好處。

我們當然不可能去思索世界上的每一件事，但有些事是我們必須想清楚的，而這大都是跟家庭系統理論有關的部分。筆者發現，極少狀況是無法以Bowen理論、邏輯和既有情況的事實來處理的。

舉例而言，一個人能夠自己解決的重要問題之一，就是有關於自尊。「我如何看待我自己？」這是眾多問題中，Bowen理論能夠幫助到的。如我們所見，理想的人際關係狀態，是與其他人達到平等。如果我們以「我比別人好」的原則所引導，這關係則被一種高姿態所干擾，我們通常稱這樣的人為精英，人們在他們的系統中，往往會被貶低。

另一方面，如果我們抱持「不足」的態度，自動第以「別人都比較好」來做回應，那就會出現過多的焦慮與不良的功能表現，具自殺傾向者就處於這樣的狀態。如果我們用心將這一切思考過（或許要很多次），對於人際關係更平等的一個狀態，則會成為基本自我的一部分，引導自我，使自我在關係中

---

[5] 這普遍會在正子掃描中發現。

表現得更好。這指導原則將會變成是，我與他人相等，不多也不少。[6]與他人的互動會變得較輕鬆，較不緊張，因為那個從小到大都在回應的問題已經被解決，整體功能會變得更好

2.研究事實

　　為了要盡可能的廣泛思考，很多問題可能需要安靜閱讀、網路研究或與別人討論，也可能有探索其他生物的必要性。那其他的文化呢？性別差異性或共同性呢？如果研究變得重要，要知道別人怎麼想。現在要取得資源比以往來得容易許多，如果有人在研究如Bowen理論的主題，他必須在一開始先進行大量的閱讀。

　　如果有一位教練在旁協助，對於思考這主題，或許可以提供幫助。

　　這一切會很有趣，也可能激發廣泛的思考而添加背景知識；它可能對於過程中所需要的事實基礎有所幫助，但不會增加基本自我。指導原則無法靠團體迷思、研究或尋求共識而獲得，只有在個人身處其境的過程中，歷經時間的考驗，才會被添加到自我之中。

6　當我意識到我正處在多人之上，多人之下的狀態時，我還是可以以相等的姿態與他人互動，也就是一種人與人的平等的態度。
　　在一個如組織的層級狀況中，總會有人在上，也有人在下。即使我們應尊重位階較高的人，但是，我們仍然可以將所有人視為平等，以相等位階和尊重的態度與所有人互動。

3.嘗試，並在生活中測試

經過一定的思考和研究，仍必須將原則放在嚴酷的生活中測試。在筆者對家庭系統理論的理解經驗中，先要經過閱讀、教導的經驗和周全的思考，最後這些概念必須在家庭關係之中測試。前來諮詢的人就是另一個實驗環境，當筆者正學習這些概念，前來思考自己狀況的人們，也會從中有所學習。透過生活經驗的試驗，筆者和其他家庭或個人的良好結果，確實能夠多次應證理論的論述。

4. 原則的接受

當原則因生活經驗而成立，且值得成為指導原則時，它就得以被接受。我們必須時常提醒自己，自己的原則是什麼──將它們以紙本記錄，或以此寫作，並將它們整理出來，在個人的「遊戲規則」中被接納，這對生活是極有幫助的。如果原則已成立，它們會在很多情況和抉擇中引導方向，這些基本的指導原則會讓我們看見生活的藍圖。

5. 重新評估

因為生活又困難又複雜，所以它會不時地挑戰指導原則，這是很有幫助的過程，它提供了重新思考的機會。在這過程中，指導原則可能會因為新的挑戰或資訊而被強化、被排除或被重新塑造成一個更新又更好的原則，為真實生活做更準確的說明。指導原則不是堅守的極端主義，或不可改變的教條，它們可以因新的資訊而改變。

指導原則會帶來什麼效果？

指導原則具安撫的作用，採用它們就是個思考過程，思考會抑制情緒，因此採用指導原則就能使人平靜。

它們光是存在就能使人平靜，大腦因相異的資訊或不確定性而感到不安，這樣的狀態———一種認知失調———會產生焦慮。當我們清楚自己的立場，認知失調相對地會被解除，焦慮亦隨之消除。了解我們所相信的某件事，能夠使人安心，這就如同一個人能夠停止為某些事煩惱———它們已被解決了。

指導原則可以幫助整理歸納，協助我們清楚自己的優先順序，確認我們的目標和生活中每一時刻的重要事情，若能注重它們，很容易就能看出他們為何能夠幫我們「提升功能」。

團體需要指導原則嗎？

想要持久並達成目標，組織就如同個人一樣，需要指導原則。在之前提到的《基業長青》一書中，[7]Collins和Porras研究了持久與不持久的公司之間的差異，他們發現，最持久的公司具有幾樣共同的特徵，其中一樣就是他們擁有一個「核心價值觀」，是被清楚陳述的信念和價值觀，在公司的決策過程中都能夠被採用。對Bowen理論而言，核心價值觀就是指導原則。

---

[7] Collins,J.,Porras, J., Built to Last, Harper Collins, New York, 1994, 1997.

它們對團體和對個人一樣，能夠安撫、穩固和組織團體，並且能夠指引建立目標的方向。它們將定義和組織團體，指出團體的優先順序及重要的事情，並且不斷地提供引導並指出方向。一個任務是否和指導原則一致？如果不是，它就必須被排除。

團體或教會採納指導原則的過程，可能是緩慢又費力的，但如果指導原則能被經常實施，它們會不斷地為這團體帶來好處，使團體保持秩序，防止團體走向無用或無關的方向。而領導者對指導原則之實施過程的信念，將是這結果如何呈現的關鍵因素。

一個組織的指導原則之範例，請參考附錄二。

就如同個人需要指導原則來達到更高程度的功能，若沒有清楚、被認同和熟悉的原則，團體也就不會進步。

指導原則可以改變嗎？

指導原則並非鐵定不變的，在新的資訊之中，它們是可以被改變的。一個高分化的自我不會是封閉的心態，反而，一個高分化者（或組織）會不斷學習且充滿好奇心，對於新的資訊是開放的。

極端者不願改變他們的想法，他們從關係系統的範疇中，接受所有被傳授的一切，亦即他們看待世界的一套想法和概念。有些時候，他們會願意在這關係範疇和情緒緊繃中，放棄他們的生活，然而他們的行為是情緒和關係導向的，並非精心思考後的結果。

高分化者對於可能挑戰信念的新資訊，總是保持開放的態度，他們的原則不會取決於情緒或關係，而是在於事實、**邏輯**以及其他被他們視為值得信任的指導原則。當出現了新資訊而令人懷疑原則之依據，則這些新資訊也將經歷同樣的思考、研究和驗證的過程。

有些原則是否比其他的好？

　　有些最糟糕的行為似乎是被原則所指導的，例如恐怖份子會引述指示他們行為的信念，希特勒在《我的奮鬥》一書中就表達了他的指導信念。

　　當我們檢視它們，很明顯的，有些原則比其他的好，它們思考得更加周全，互相一致（邏輯的），以及對人類大眾利益更加有幫助。恐怖份子真的有對他們的處境精心思考過嗎？或者是在某種情緒系統或強烈的情緒約束中所做出的行為？Jerrold Post博士對於恐怖份子的研究顯示後者是正確的答案。[8]希特勒的概念是正確的事實嗎？他有任何支持他想法的資訊

---

[8]　Post,J., The Mind of the Terrorist: The Psychology of Terrorism from the IRA to al-Quaeda, Pallgrave Macmillan, New York, 2007, p.4. Post博士表示：「2004年，馬德里爆炸案後的第一周年，在馬德里舉辦的"民主、恐怖主義和安全問題國際會議"（Madrid Summit on Terrorism, Security and Democracy），恐怖主義心理根源委員會（Committee on the Psychological Roots of Terrorism）之共同結論為『以個人心理程度之說明，對試圖了解為何人們要涉及恐怖主義是不足夠的。以變態的概念或精神病理學了解恐怖主義是不管用的。我們反而應該推斷……組織和社會心理學，應特別強調'集體認同'，對於了解恐怖份子心理和行為，提供了最具建設性的架構』」。

嗎？他似乎是被某種強烈的情緒引導，而非事實或清楚的思考，不但資訊不全，邏輯難以理解，甚至不存在。

對於個人而言，指導原則可能會互相衝突，當此發生時，我們必須不斷地去思考，通常在更多的思考、研究和事實的檢測之後，就會發現有些想法是情緒導向的：「我想要這樣想，因為這會讓我感覺更好。」但是這可能忽略了人類功能上的事實，事情可能不應是如此。

或者，一個「原則」可能是因某個對我們非常重要的人所教導，因為情緒融合，我們不忍放棄這概念，好像在某方面上，若不認同他們就會侵犯他們似地，不過，仔細想想就會知道這狀況的不合邏輯性（以及低自我分化）。

再者，指導原則必須分出優先順序，當兩個互相衝突的原則都是好的時，某一個在經過反省後，可能會顯得比較好，在某種情況下更合適，或因某種原因而更有份量。

Bowen家庭系統理論不能告訴我們該想什麼嗎？

Bowen理論提供了解人類及其他自然團體和個人的理論方法，它最終希望將人類的研究帶入科學領域，協助我們理解自然系統中所觀察到的現象，它並且描述了系統的特徵和個體的差異性。

由此，它提供了思索所有事物（大部分的生活）的另一種思考方式，甚至協助我們思考個人。如我們所見，它為觀察人類現象，提供了一套架構、一種視野、以及一個「新的看

見」，但如果它被視為「真理」，而跳過了周全思考和在生活中測驗的步驟，那就只是對理論膚淺而不明的認知，根本不是對於理論的「理解」，很多層面是被忽略了。Bowen理論不是作為這些情況下的指導原則，很多人跳過了設立自己原則的過程，而自認被系統思考所指導。這理論必須放在人們的重要關係中去測試，可以從家人關係開始進行，如果人們沒有將理論放在他們的重要關係中去測試，他們的理解是有缺陷的，只不過是略懂概念，而不是對實際生活經驗的理解，因此，這並不足以達到基本指導原則的程度，在各種系統中表現自己時，他們會顯漏出知識的不足。

對於筆者來說，指導原則在Bowen家庭系統理論及基督信仰之中皆有作用，[9]Bowen本人曾說，基督徒應仿造基督的生活。[10]

這是對於過去發表過的報告之澄清，報告曾引述Bowen說仿造基督的生活是他的目標。Joanne Bowen博士認為，上面這個陳述，是對於Bowen所謂基督徒應仿造基督的生活之臆測。

Bowen理論不會告訴我們應該想什麼或相信什麼，我們必須自己發掘，但Bowen理論提供了如何思考人類關係、關係系統和個人功能的思維模式。如果我們有積極進行思考過程，

[9]　在這兩者之中幾乎沒有任何衝突。這似乎是因透過事實和科學的理論，Bowen理論鞏固了基督信仰。在此的基督信仰係指C.S.路易斯（C.S.Lewis）著之《反璞歸真》（Mere Christianity）之定義基督信仰的基本教條。當然，應包含什麼，基督徒各有不同的見解。

[10]　2005夏，於Bowen Center for the Study of the Family的一場關於宗教和考古學的講演中，由Bowen的女兒Joanne Bowen講述。據筆者所知，Bowen本人不曾對此議題公開論述，無疑是為了保持理論的中立性，而不與任何特定宗教並列。

清楚基本指導原則，又特別以Bowen理論為生活中的指導原則時，身旁的人都會感受到正向的效果。對於認真、努力思考並在生活中測試理論的運用者——非凡的領導人——會為他人帶來很大的幫助。

想一想

指導原則，高分化生活的標誌，造就了高分化的領導者，它們使人感到平靜、穩定、有秩序並激發人們邁向目標。

沒有它們，我們會受到外來連結性作用的不當影響，有了它們，我們擁有了塑造自我的方法，這自我能夠在生活中不斷地增加自我，變得更有魅力也對別人更有幫助。

實際生活的探討

1. 以Bowen家庭系統理論的觀點，指導原則是什麼？
2. 我們為何需要指導原則？
3. 取得指導原則有哪些過程是有幫助的？
4. 你有指導原則嗎？是什麼？
5. 有些領導者做事沒有依據也不具有清楚的原則，對於思索自己的原則是不清不楚，請舉例。
6. 團體迷思是什麼？你有見識過嗎？是否有領導者因鼓勵獨立思考而能夠避免負面結果？
7. 由原則所引導的領導者，請舉例。

8. 你生活中是否有什麼部分是有待指導原則去思考的？

9. 極端思考的「指導原則」表現出低分化程度的特徵有哪些？他們採納的「原則」是由什麼而引導的？

10. 指導原則可以改變嗎？請討論。

第三部分
建立更多自我

「為了分化而做的努力，如果要成功，必須只針對『自己』。如果這份努力只針對自己，而且成功了，系統也會自然受惠。」

chapter

5

自我分化：採取行動

　　如果自我分化是開啟生活與領導的一把重要鑰匙，我們該如何開始行動？我們該做些什麼？以系統思考的觀點來說，我們先來看看理論中三個重要的例子，然後再了解過程中的細節，以及在關係系統中可以採取的步驟。

　　自我分化的歷程，可以從最初的關係形態來觀察，也就是三種重要的關係系統──婚姻伴侶[1]、父母[2]及原生家庭[3]。

---

[1] Bowen, Murray, *Family Therapy in Clinical Practice*, Aronson, New Jersey, 1978, pp. 252-254.

[2] Bowen, Murray, *op. cit.*, pp. 216-218, 436-7.

[3] Bowen, Murray, *op. cit.*, pp. 531 ff.

建立分化良好的自我——婚姻伴侶

　　如果一個人決定在婚姻中建立分化和更良好的自我——在關係模式中的參與減少，用一種更高和更成熟的層次在關係中運作，常常會引發一些事情。首先，經過一番思考，某人用可以被聽到的方式，向另一方表達他的自我。講到這裡，大多數人會想：「可是我已經告訴他非常多遍我想要什麼。」通常人們會一直重覆地告訴對方要「做」什麼，而不是表達自我。表達自我是說：「這是我思考的方式」，或是「這是我會想要的東西」，或是「這是現在開始你可以對我的期待」。表達自我就是表達自我的立場，而不是嘗試去改變他人。它並不包含解釋、判斷、防衛或懲罰，它只是單純的一個陳述，向他人界定自己。

　　Bowen這樣描述它[4]：「當家庭中的一個成員可以平靜地陳述自己的想法與信念，並且按照他的信念而行，同時不帶有對他人信念的批評，也不陷入情緒化的爭論，則其他家庭成員就會開始一樣的歷程，變得對自己更加確定，對他人更加接納。」自我界定的方式，必須免除多餘的情緒壓力。強烈的情緒，無疑會使自我界定所傳達的訊息變得無用也無效，因為強烈的情緒干擾思考，所以讓他人難以聽進去。就像諺語所說：「對自己的立場有足夠的相信，就能夠冷靜地陳述它。」

　　然後，當下一個機會來臨，就是採取行動的時刻。某人開

---

[4]　Bowen, Murray, p. 252. Also see pp.315, 316.

始運作，執行他已經傳達給別人的信念。

舉個例子，一位正在自我分化的妻子，林太太，以及她的丈夫，林先生。這位妻子正在告訴丈夫，不要把東西散佈在房間的各處，她說：「我喜歡乾淨的房子，每當我發現東西散佈在各處，我就會去把它們放到車庫中的籃子裡。」（她沒有說任何有關自我分化的事情，只是照著執行而已。）

即使林先生已經被林太太告知這就是她將會採取的行動，林先生並沒有真的準備好這件事會實際發生，林先生會有所反應，他可能會進入一個關係模式中，例如嘗試抗爭、批評、疏遠，或者，可以預期林先生或許會產生某種徵狀。當系統中的某人朝分化前進，其他人必定會做出某種反應，這就叫做「變回來（change back）」反應。系統中的某人嘗試在運作已久的情緒模式中做出改變，對其他人可能感覺像是一種背叛。林先生對妻子狂怒，並且拒絕和她說話（疏遠），然而，凡事豫則立，因為林太太了解理論，所以知道這樣的事情可能會發生，將這當做漫長過程中的一步，她持續和丈夫保持符合邏輯且不偏離原本方向的接觸，林先生透過晚下班來增強疏遠的行動，林太太則保持一致的作法並且盡力與林先生接觸。在這種情況下，反彈的那一方（丈夫）會漸漸冷靜下來，變得更體貼。

如果妻子保持她的計畫，在每個機會都用行動表達一致的立場（即使不透過言語），過了一段時間（時間長短不一定），接下來會發生的事情也是可以預期的。丈夫會開始參與妻子所開始新的、更高層次的運作，當兩個人都在更高的層次上運作，關係就會開始提升，一個禮拜後，丈夫會降低疏遠的

行為，並且逐漸降低亂丟東西的行為。

其他的立場，可能也包含所有這些姿態和模式。

陳先生有一種衝突的模式，每一個在充滿衝突家庭長大的人，會十分渴望能逃避那種模式發生在自己的婚姻中，然而當焦慮升起，他們卻很容易屈服在這些伴隨他們一起長大的行為模式中。

陳先生決定脫離這種模式，走出這樣的情緒融合，這也是分化的一步。當焦慮升起，他不再反擊、無理取鬧或責備，相反地，他仔細傾聽，如果妻子的指控是合理的，他會承認自己的問題，並且告訴妻子他將如何處理，如果不合理，他會傾聽，使焦慮消失而不過度反應。有時候他會感謝妻子給他的回饋，並保持一種讓對話較不緊張的口吻，這時候，妻子引發衝突的傾向會升高（當一個模式在分化的過程中升高，只要另一方能保持穩定和一致，原本那個模式就會消失。）而丈夫不承接這些焦慮，也不疏遠她，這時候，妻子就會開始用不同的方式與丈夫連結，而以衝突為互動模式的方式也會消失。

劉先生和劉太太總是用停止和對方互動來降低升起的焦慮，這樣做只會升高焦慮。妻子決定不論多困難，都要打破這樣的模式，於是在焦慮的時候，她仍持續和對方講話。過了一段時間，他們的互動有很大的不同，原先的模式瓦解，他們用更好的方式彼此互動。

這些伴侶之間所經歷的事，也發生在作者實務諮商上的一對夫妻，高牧師和他的太太。當他在會友中變成負向三角關係的焦點，在他採取行動以前，控訴和謠言已經持續了幾個月，

在他採取行動以後，一些涉入最深、最激烈的人離開了。牧師和教會陸續安頓下來，進入先前冷靜的敬拜、服事和職位，全體會眾也運作的更好。然而，來自會友一些魯莽的對待，以及婚姻中的疏離感，讓高太太感受十分不好，她發現自己不想跟教會有任何關聯，希望她的先生可以離開牧師的職務。即使她的先生現在比比以前做得更好，但是她卻開始遠離教會。高牧師禱告且深思熟慮太太對他換工作的請求，但他最終仍決定繼續待在原來的職位上，他把他的決定清楚地傳達給太太，同時也努力地從他自己這邊去拉近彼此的距離，一段時間後，高太太發現自己對教會的反感消失不見了。

簡先生，一個已婚的高功能者，決定停止幫低功能妻子做她自己可以做，或妻子也應該為自己做的事情。當他停止過多的行為，他的妻子開始吵鬧和抱怨，這樣代表她必須做多一點事，過了一段時間，她適應了這個變化，他們也因此變成更平等的伴侶。雖然他們一致承認這個轉換的過程十分艱辛，但他們都喜歡現在關係之中更好的運作方式，妻子長期的憂鬱消失了，他們都感受到較少焦慮，並且更享受彼此的關係。

建立分化良好的自我——父母

正努力在核心家庭中與他們的孩子提升功能層次的父母，是另一個常常能夠觀察到個人如何提升自我過程的場域[5]。

5　Bowen, Murray, *op. cit.*, p. 278.

這種現象在退化的家庭中最明顯，也就是說，家中的某人出現了主要的徵狀，成為大家的焦點，並增加家庭的焦慮。這個令人擔心的焦點，也為那個被關注的人，帶來更多焦慮而強化那個徵狀，形成一個惡性循環。

　　要終結這樣的情況，必須有人跨出焦慮的擔心循環。所謂有人，可以是父母雙方，但通常是單方的決定，這和自我界定的歷程有關。父母中的一位，帶著系統思考的觀點把事情原委弄清楚，不帶著太多情緒地告訴家人，他相信家人可以做的更好，表達他對未來的盼望，說明並請家人對他保有期許，他會減少涉入家庭已建立起來而過於情緒化的關係模式，「這是你們可以對我的期待」。

　　這個分化中的某人，找到一個脫離會製造焦慮的模式，同時他並不疏遠其他家人，而是與每個人都保持良好的溝通（這是許多分化的努力之成敗與否的關鍵）。

　　接下來會發生的是（也許經過一些「變回來」」的歷程），另一位父母也加入分化的行列，開始更好的運作功能。當父母之間關係的運作改善，家庭中未解決的焦慮，會較少在系統中流竄，每個人都能放輕鬆，進入一個較少焦慮的家庭氛圍。現在這個家庭幾乎已經從退化中得到釋放。

　　如果一個或更多的孩子有了病徵，而且更多的期待被放在他們身上，他們可能會發生變回來的反應，這包含讓原本的病徵更加惡化，或是出現另一個病徵。然而，只要家人之間能保持好的溝通，避免去防衛、解釋、判斷或用任何不好的方式回應，這些變回來的行為會只是短暫的現象。

到了某個時候，整個家庭都會用更好的層次運作，產生徵狀的人也會顯著地改善，他們的退化就結束了[6]。

至於蘇爸爸與蘇媽媽，減少對於孩子們過度的聚焦，轉而多注意他們之間疏遠的關係，是他們的主要任務。當他們瞭解到，他們充滿焦慮的關注，只會限制他們的孩子，進而表現出對孩子的更多信心（這可能只代表情況好轉或是改善行為）。同時，他們增加家庭活動，也騰出更多時間給彼此——約會、渡假（他們已經很久沒有在沒有孩子的情況下單獨相處了），以及有趣的活動。當父母採取如此分化的行動，孩子可能會暫時增強他們的徵狀，然而，如果父母保持冷靜及一致性，孩子的徵狀很快就會消失。當婚姻關係運作改善，整個家庭也會運作得更好，為何如此？因為融合的現象已經降低了一些。

在這些努力中可以看出：

- 在做任何陳述或行動之前，透過系統思考的眼光，對整個情形仔細思量的重要性；
- 冷靜地表達「我立場」，並且採取與之一致的行動；
- 父母或伴侶解決了他們關係之中的焦慮；
- 在整個過程中與每個人保持好的溝通；
- 面對升高的焦慮與徵狀行為，保持一致的回應，以此面對「變回來」的反應。

---

6 See Gilbert, R., Connecting with our Children, op. cit., for a more detailed description of this.

總體計劃——在原生家庭工作

　　雖然以上所有關於自我分化的藍圖都是有用的，但是在原生家庭中的努力更能產生最好且長期的成功。這是所有模式的起源，也是這些模式最能被有效改變的地方。看起來好像很多人都聽到Bowen博士叫大家要「回家」，但幾乎沒有人聽到他要大家回去的時候該做些什麼。這裡沒有任何關於如何改變家人的建議，這努力單單只是為了學習系統情緒的面貌，去看看自己在當中扮演了什麼角色，然後改變自己，改善與家人的關係。這種改變自己就是在自己與他人關係中，了解在衝突、疏遠、高低功能的互惠關係和三角關係中自己的模式與姿態，進而改變自己。這裡完全不強調嘗試改變家人。

　　在家庭中建立自我分化，不是：

- 安排一個「家族治療團體」，每個人在當中述說負向的記憶、發洩情緒；
- 批評父母在撫養孩子上犯的錯誤；
- 挖掘負向的互動模式或手足之間的瘡疤；
- 嘗試教導其他家庭成員關於Bowen理論。

而是一個個人的努力，它是：

- 嘗試了解整個群體是一個情緒系統，並且每個人是如何促成此系統，或在此系統中貢獻了什麼，尤其是自己在此系統中的貢獻；

- 嘗試瞭解每個人在系統中的功能和位置——站在其他人的角度去理解他的立場[7]；
- 嘗試了解自己如何也參與和促成了此情緒系統——如何透過引發、疏遠、或其他方式塑造了他人的問題；
- 嘗試改變自己對於系統及自己都無效的行為模式；
- 嘗試減少牽涉在情緒融合中，因此建立更分化的自己；
- 嘗試在家人有需要的時候在場——要在場而且要清楚狀況並負責（這代表在家人的重要事件，或是特別需要的時候在場）；
- 嘗試知道自己如何承擔系統中的焦慮，也了解自己是如何在系統中傳播焦慮。

　　對於眾多與家人情緒切割的人，第一步就是簡單地去和家中較常聯絡或是比較有趣的人，開始建立接觸，雖然這個第一步可能會花好幾年的時間，但是這會產生許多情緒的獎賞。當切割的關係被成功的搭起橋梁，同時這段關係持續一段時間，徵狀就會消失，在整個系統中的焦慮就會減少。

功能性位置

　　有些時候，透過系統思考，很重要的是更清楚了解家人之間的運作以後，開始去觀看自己在家庭中曾經，以及現在的功

---

[7]　Gilbert, Roberta, *Extraordinary Leadership*, Chapter 3, "How the Group Shapes Individuals," Leading System Press, Basye, Fall Church, 2006, pp33-49.

能性位置[8]，除非我們努力去改變它負向的部分，否則我們在一生中，會一直保持家庭中的功能性位置，它已經變成我們人格中永久的一部分。

去思考並完成下面句子，會有助於我們看見自己的功能性位置，那就是：「在我的家人中，我是一個……的人。」每個人都有一個角色，手足之間是不同的，每一個人都會在家庭情緒單位裡承擔與他人不同的角色。

這些位置的成形不是經由任何一個家人的努力或計畫，而是經由情緒（自動化）歷程，情緒歷程就是家庭情緒單位傳遞和處理焦慮的方式。所有家庭系統理論的概念，都和為每個人創造一個功能性位置有關，其中三個概念則是關鍵重要，包括：

· 家庭投射歷程
· 多世代傳遞歷程
· 手足位置

家庭投射歷程是指當父母之間的焦慮未被解決，這些焦慮和不成熟將會被投射到孩子身上，通常在每個孩子身上投射的程度會不一，所以同一個家庭的孩子自我分化的程度仍舊會不同。

多世代傳遞歷程，是家庭投射的歷程發生在世代中，有些家庭的功能水準往上移，有些則往下移。

手足位置是家庭投射歷程的另一個成分，我們的性別與排序等特性會相互作用，傾向把我們擺在家庭中某個特定位置。

---

[8]　Ibid.

這是Walter Toman博士首先研究與發現的概念[9]。統計上，手足位置能解釋我們人格的大部份，不論我們是主導或是跟隨這個歷程，我們的個人偏好、職業，甚至我們在其他關係中與別的手足位置結合的方式，都與手足位置有關。

在家庭中，這三股力量會共同運作，為每個人在一個情緒單位中提供特定位置，而我們就是根據這個位置與家人互動。更廣地來說，我們透過它來看這個世界，它不會因為我們離開了家庭，就與我們無關，它正是我們自己的部分。如果情況不變，它將跟隨著我們一生[10]。

不論我們在家中處在什麼位置，它都有好的與壞的部分。著手於自我分化時，個人可以：

- 嘗試對自己、手足以及父母的功能性位置，有更完整的了解；
- 嘗試保留自己原先位置的所有優點；
- 嘗試降低原先位置的負向層面（這是我們與我們特殊情緒單位的壓迫合作所形成）。

因此，當我們抱持著「建立功能更好的自我」的目標進入家庭，功能性位置是一個值得了解，並且帶回家處理的重要角色。

---

[9] Toman, Walter, *Family Constellation*, Springer Publishing Co., Inc., New York, 1961.

[10] To read more about functional positions, see Extraordinary Leadership, *op. cit.*, Chapter 3, p. 33.

我立場

我們已經提過「我立場」的概念，多數時候，自我界定是基於一個人所採取的立場，因此讓我們更仔細來看看「我立場」的一些特性：

- 它是一個自我分化的陳述。
- 因此，它是不常出現的狀態。
- 它是經過深思熟慮的。
- 它和一般系統引導的方向相反。
- 系統通常會有反應。
- 系統最終會受益。

在系統中採取新的立場，是為了自己，也是因為自己想要改善自己在系統的功能，因此，這是一個分化的行動——離開過度融合的一步，這一步就像是：「根據我的指導原則以及系統思考（的所有概念），在面對系統的其餘部分，這是我所相信、也必須去做的事。」

從我們被困住的融合中分化出更多自己，並非我們通常擁有或會採取的行動，也就是說，這並不是一般時候常態下會採取的行動。單純地觀察與了解一個系統就會花很多時間——更何況一部分的自己也參與在其中——這就是困難所在。但是，若擁有系統和自我的知識，是有可能看清系統的面貌，並了解自己該怎麼做，以增加更多基本自我，將功能往上提升一點。

另一個採取我立場不尋常的地方，在於這件事是經過深思

熟慮的，而不是衝動的行動。在系統中採取一個新的立場，必須經過仔細考量。個人的指導原則必須被拿來執行，用以看清採取這樣立場的必要性，在這個時候，系統理論的概念可以用來作為基本的參考原則。

因為採取我立場至少在某些層面上違反了原本系統的運作功能，我們通常可以預期（不是絕對）系統會有所反應，甚至是強烈地反應。理論預測了這情形，並指導你如何面對此反應，向上一步的分化會影響整個系統，但是，只要執行者可以保持適度的冷靜、與每個人保持接觸、採取與自我分化一致的行動，長期而言，將會讓個人以及系統的功能都向上提升。

分化與製造差異的不同

當人們嘗試計畫以分化出更多基本自我時，通常會誤以為分化的概念就是簡單的差異性。如果他們一直是對抗性的，他們就會變得更聯合、同意每個人以及每件事，相反地，不溝通的家庭中，他們會開始告訴其他家人有多愛他們，如果他們從來沒有獨自做事，他們會開始計畫旅行，而把不知所措的伴侶留在後頭，如果有人一直是家庭中的「聖人」，他們會開始採取被家庭認為的壞行為。他們以為這樣做，就能讓他們分化出更多自己。

通常這些他們以為是分化的行為，事實上只是基於情緒的一種反應——過去家庭模式的另一端罷了，它們並不是基於人生方向或計畫，用以建立更多基本自我的結果。甚至，某種程

度上，這種對抗的行為，其實仍然根植於原本的家庭模式。因此，採取這些行動的人不會從融合中更自由，事實上，他可能會因為這些行為所引發的系統反應，而為自己製造更多麻煩。

雖然自己與系統之間可能會存在一些差異，然而，這些差異並不是單純反彈式的差異。它們應該是一個人仔細思考了自己想在關係系統中當怎樣的人，和採取怎樣的立場之後的結果。

培育基本自我

那麼，個人該如何培育更多自我，並且在關係中執行？他們可以做什麼？

每個人的努力將會是不同的，所以，這裡沒有一個正確、簡單的答案。可以確定的是，成為更堅固（培育更多基本）的自我，需要投入很多的努力。在作者的經驗中，在有經驗者的教練指導下，那些進步最多的人會努力去：

- 產出他們的指導原則；
- 學習Bowen家庭系統理論的基本概念；
- 採用系統思考的眼光或其他指導原則去觀察自己的家庭系統；
- 在關係中根據自己的指導原則去執行。

學習Bowen家庭系統理論的基本概念

「學習理論、學習理論、學習理論。如果你懂理論，你就

能使用它。如果你不懂，你當然不會用。」許多人即使已經讀理論幾年了，仍然無法列出它的八大概念。系統思考在許多地方是違反直覺且複雜的。因為這個原因，增進這方面的能力需要時間，以下兩點對這樣的努力十分有幫助：

- 閱讀
- 正式的課程，包含講授的教導、討論以及寫作等

閱讀

沒有任何理由不去閱讀Bowen博士的著作，「Family Theory in Clinical Practice[11]」，收集了他的主要作品，雖然許多作品都是他在治療師與精神科醫師的集會中所提出，但是他以大家都可以理解的方式來寫作。因此，從這裡開始閱讀，就算不是最好的，也是很棒的了。

長期研究Bowen家庭系統理論的學者之著作文獻，持續在增加中，附錄一可以找到作者支持且經過挑選的書目表，這些書可以提供系統思考的初學者，擁有個紮實的開始。

網路在人們試圖擴展系統思考的知識與能力時，也是很有用的工具，它可以幫助找到閱讀資源、當地的訓練、教練中心[12]。然而，許多閱讀資源並不是單純的Bowen理論，而是試

---

[11] Now published by Rowman and Littlefield, New York.

[12] See Gilbert, Roberta, Extraordinary Leadership, Thinking Systems, Making a Difference, Leading Systems Press, Falls Church, VA, Appendix III, for a listing of centers in the U.S. where one can find referrals to a competent coach and/or didactic training in Bowen family system theory.

圖把其他理論與他們眼中的Bowen理論結合，就像油和水。對一個初學者來說，如果沒有值得信任的教練做指導，自己從網路中任意找尋資源來學習是挺危險的。

教學訓練

依作者多年的經驗，有機會接觸正式訓練，會比僅僅透過教學式解說，更容易令人理解，這樣的差異是很明顯的。教學訓練，包括演講、討論、以及有機會去撰寫報告及口頭報告等，會促進學習系統思考的速度與精準，以及把知識用出來的效率。正式課程也會促使個人大幅降低沒用的模式，並進入運作更好的關係模式———一般而言，就是成為他們想要成為的那種人。

在學習Bowen家庭系統理論的基礎時，當中的概念可以隨意記住，然而，當面臨困境時，作者發現只要能夠簡單地把概念陳列出來，就會很有幫助，去看哪些部分可以應用、哪些部分有助於你理解現況。透過這種方式，你就能得到一個清楚的方法去思考困境，並從中得到解決的路徑。如果你懂理論，你就會用它，如果你不懂，就不會用它。

在家庭中應用新的思考方式

直到你把基本原則應用到重要的情緒場域中，才算真正學會它。這意味著要從你的原生家庭開始，從原生家庭開始工

作是最簡單也最有效的，因為這正是你重要關係模式起源的地方。

對於這個努力，有一個十分熟悉系統思考的教練是非常重要的。這個對於理論有更好的了解，並且能更客觀地看待我們家庭的教練，可以提供我們有用的引導，但改變的工作並無法在教練的辦公室完成，而須在場域中執行，也就是在原生家庭關係中的情緒場域中完成。家庭是自動（情緒化）模式發展的起源，隨著時間和生活的改變，這些模式會慢慢調整，再者，縱使許多原始角色已經不在，但是家庭的情緒歷程仍然存在家庭成員中，個人仍可以透過接觸，並從中分化出自我。

一個客觀的教練／導師，會提供這趟改變之旅，無可估量的幫助。

在原生家庭中進行自我分化的步驟

在家庭中提升功能的方法，包含三個步驟：
- 觀察
- 思考、計畫與演練
- 執行計畫

觀察

觀察一個人的家庭，就是一個研究計畫，就如同科學家的工作，有些人「穿上實驗衣」，其他人則「跑到叢林中去看猩

猩」，Bowen則形容是「從太空梭中來觀察」。不論是哪種說法，都強調與團體的情緒歷程保持距離的效果，變得好奇有助於你客觀地認識系統，當然，新的認識開啟新的疑問，所以這是一個沒有結束的歷程。

家中的年長者是讓我們認識家庭系統很珍貴的資源，他們通常也很樂意被詢問有關多世代的問題。

然後，你可以觀察焦慮的流動、關係模式、焦慮的引爆點，然後盡力建構出一個完整的畫面。你也可以觀察自己對家庭的影響，包含正向的部分，以及你如何增加系統的焦慮。

思考、計劃與演練

透過系統的眼光去觀察，你就能從現在所處的位置開始，知道自己想要改變什麼——在功能性的位置中、在與他人的互動中、以及在整個過程中，你的自我概念。到此階段，你就可以開始計畫在系統中，嘗試性地提升自己一點點其他的功能，看看會是什麼樣子。

當你清楚想要改變自己什麼，而不是改變系統時，在自己的腦海中排練計畫是非常有用的。缺少排練，你就有掉入系統暴風圈的危險，然後忘記你曾經精心計畫想要做出的不同行為。

執行計畫

自我分化的真正工作發生在情緒系統的場域中，而不是在教練的辦公室。你可以永遠都在觀察、思考、計畫和演練，如此，自我分化是不會發生的。只有當這些走進真實的系統中，處理自己的反應，以及自我界定，這時，基本自我的成長才會發生。

預期「變回來」，也就是瞭解到系統通常會對自我分化的舉動產生負向的回應，這會幫助我們在它發生時能有好的調適。這正是保持與計畫一致的重要時刻，亦即，只要你與他們保持好的接觸，這些負向回應一段時間之後就會消失。

發展指導原則

因為基本自我是被深思熟慮的原則所引導，所以，產生能夠賴以為根基的原則，其重要性就可想而知了。它們可以包含家庭系統的概念，經過特定時間，在我們的生活中會證明它們的實用之處，而只要它們被仔細思量並驗證，靈性的概念也可以包含其中。我們必須記住基本自我的指導原則，是自己深思熟慮的結果，而不是我們曾經被教導過的什麼、或僅僅是被文化所接受的東西。這雖然會花時間與精力，但是，這個進行中的計畫是再重要不過了，若對自己的指導原則沒有清楚的了解，是不可能成為優秀的領導者。

根據自己的指導原則，在關係中執行

因為沒有人是完美的，所以家庭系統理論亦從來沒有被完美的實現。有些人做得比較好，有些人做得比較差，而每個人都有可能在某些時日做得比別人好，只是若能將學習及應用家庭系統理論，變成一個永久持續的功夫，則生活功能就會持續看到改善。當個人對家庭關係產生作用，家庭會迫使他進入領導者的位置，家庭需要一個台面上的人，為了：

· 商討及諮詢

· 吐露心事

· 重要的家庭任務

當你在家庭關係中的功能越來越好，其他家庭成員可能會想知道，你對他們所面臨的困境有何想法。他們重視能夠以事實為依據，依照原則思考，並且能清楚了解事情的人。對任何系統來說，這些以平等的關係樣態被執行的技巧，是稀有且被激賞的。

系統會對這個正在關係系統中培育自我的人吐露心事，這種行為或許會被視為是某個成員的「發洩」罷了，但我們必須謹記在心，就如同治療專家被教導的，我們從文化中，習得感受和透過文字抒發感覺的重要，所以當有人選擇你去吐露心事，這是一個重大的成就。如果你可以如其所是地接納它，並且根據系統思考的原則回應，則關係會有長期的受益。只要你持續保持冷靜、思考、有邏輯的模式，一段時間後，這種「發

洩」的反應通常就會減少，他們也會開始加入你的行列去思考自己，而思考的活動，會促使大腦皮質層去抑制大腦的情緒中樞。

另一個重大成就，即系統會選擇正在分化的人去承擔家庭的重要任務，包括重大決策及重要的任務、聚會、甚至慶典活動，此人會成為一個有組織能力，而且值得大家信賴的人。

當然，上述這些對於一個人的領導能力都會有深遠的影響。

想一想

當人們從被家庭塑造出來的融合及未分化中，努力地分化出更多基本自我，他們會在婚姻中、親子關係以及原生家庭中採取行動，他們透過指導原則的協助，界定自己、採取「我立場」，他們保持與家人接觸，同時脫離原本的家庭關係模式，過了一段時間，其他家人會跟上並且表達感謝。

實際生活的探討

1. 採取哪些步驟可使婚姻邁向更好的功能？
2. 一個家庭如何脫離退化的情況？
3. 什麼是「我立場」？它有哪些特徵？
4. 在原生家庭中，自我分化需要採取哪些步驟？這些努力會在哪裡真正產生作用？

5. 演練有什麼功用？

6. 原則如何在努力分化的過程中參與其中？

7. 什麼是「功能性位置」？

8. 面對分化的努力，可以預期家庭在短期內有什麼樣的反應？

9. 面對認真而長期的分化努力，家庭又會有什麼樣的反應？

chapter 6

領導者如何運用重要概念
——在組織中進行自我分化

傳統上，神職人員在社會中扮演重要的地位，在歷史中，他們通常也是眾領導者的領導。來自各階層的人，甚至是其他領域的領導者，會尋求他們的意見，認同他們的權威，在作決定上考量他們的想法。

同樣地，任何組織中的領導者也都處於一個重要的地位，他們經常被諮詢，對他人具有影響力。理想狀態下，他們是步調的設定者，對事情的安排有影響力，並且負責該組織與其他組織之間的關係。

近年來，神職人員的地位有退化的趨勢，與其他專業者相較，多數人仍會先尋求他們的建議，但在反權威的氣氛下，以及其他專業的出現，神職人員的影響力正在下滑。例如在歐洲，人們不再經常參與教會，大教堂

變為餐廳或舞廳。在美國,即使許多人仍然積極參與教會,但教會「主幹」會眾的名單人數正在縮減。

或許我們的社會不希望恢復專家的偶像化地位,然而,神職人員仍然有機會重建他們在社會中的地位,因為他們深入參與個人及其家庭的生活。對神職人員或其他領導者而言,只要他們能夠站得更挺、更確信、更有活力,就有可能重新獲得過往曾有的社會信任與尊敬。

高分化的領導者

哪些要素能促發一個潛在領導者轉變為真正的領導人?我們會如何看待這個關鍵步驟?

不論父母願不願意,他們都是家庭中的領導者,同樣地,神職人員也是會眾的領導者,不論他們是否覺得自在、有效能或有用處。運用系統理論,許多人藉由基本自我的成長、人際關係的改善、提升他們在家中的運作功能,而讓他們在家中成為一股受人敬重、有用處且有能力帶領眾人。

同樣地,透過基本自我的成長和人際關係的經營,會眾的領導者也能成為正向、有活力、有創意、連結資源、體貼、交際良好、冷靜且珍貴的資源。這種相同的思考方式,幫助個人在家庭中有更好的功能,亦幫助領導者在組織中發揮到極致。

增進基本自我的成長

人們該如何做以增進基本自我的成長？並且在組織中妥善經營他們的人際關係呢？事實上，在組織中必須做的事，與在家中必須做的事如出一轍。讓我們一起回顧這些行為：

- 學習Bowen家庭系統理論的基礎概念
- 帶著「新的視框」觀察家人關係，然後是組織中的關係
- 為自己設計指導原則，並且協助組織也能設計出組織的指導原則
- 根據自身以及組織的指導原則，在每段人際關係中做好自我管理

將新的思考方式應用於組織中

學習將系統理論的基礎概念應用於自身家庭後，後續要如何應用它們在組織中就比較容易了。就像家庭一樣，當組織內的人們單純地花時間在一起，組織也就製造了一個情緒單位。這個簡單要素，就能讓一個人在情緒單位中產生融合（借出自己或借貸他人給自己）。

在這個場域中，教練也能如同個人在家庭的努力上一樣有用，特別對於初學者來說，一個客觀、有經驗而且受過家庭系統理論訓練的教練，將能在一定程度上舒緩會眾或組織經營過程中的問題。

指導原則的執行

不論在教會或其他組織的關係中，依據一個人的指導原則行事，就如同在家庭中依據指導原則一樣地重要。尤其在組織中，直接針對組織的原則，花些額外時間去釐清，可能會更有用，因為組織更為複雜，不像一般家庭只有一個領導者，它們通常有兩位以上的領導者。

許多案例顯示，有用的指導原則大都來自非常根本的原則，以及Bowen理論的所有概念（這些概念能夠一再地鬆綁情緒化關係的套索），這些例子可能是：

- 如果上層的關係運作功能不良，組織會承受這種情況所產生的焦慮（就如父母不花時間去處理他們之間的問題，那麼核心家庭會成為一個焦慮的團體）。
- 創意與新點子對於組織並不是威脅，它們是有價值的，而組織沒有它們將會凋亡。
- Bowen理論並不是為了傳教（但有時候它可能會幫助教會專心於此）。
- 一個焦慮的會眾/組織與一個冷靜的會眾/組織是不同的生物體。當焦慮升高，所有關係的模式和姿態都會變得更佳明顯。

依照原則在關係中做好自己

　　從來沒有人能夠百分之百地執行家庭系統理論，因為沒有一個人是完美的。有些人做的比較好，有些人則沒有那麼好，而且我們所有人在某些日子當中也會做得比別人好，但是當學習和應用家庭系統理論變成一個持續進行的過程，就會看到生活功能持續的提升。那些開始在分化量尺上進步的領導者，會發現他們變成不一樣的領袖，他們更有效率、與人聯繫、全神貫注、令人愉悅並且更有能力去決定優先順序與組織群眾，他們成為具有更高分化的領導者，並且可以協助組織朝目標前進。

　　邱牧師是家中最年長的人，也是一個工作狂，她除了傳教、拜訪病人等例行牧師職務以外，也負責大多數的會議、領導年輕人以及合唱團員，同時，她也很有想法，但是教會確處於停滯，而且沒有太多事情真的被完成。她開始努力去學習並思考系統，慢慢地，這些概念變成她的指導原則。當她聽見工作狂一詞，並在這面鏡子中看見自己，她漸漸改變，首先在她的家庭中，然後在她的教會中，她變得不一樣了。

　　在她的家庭中，她停止去回答所有問題，並開始問問題，變得好奇且對系統中的其他人充滿興趣，她從他們身上學習有關系統以及個人的事情，她更加會去接觸家人，並開始重視及現身在婚禮、喪禮以及其他重要場合，進而發展了有意義的關係。

在她的教會中，當她找到合適者進行交接後，就立刻放下領導年輕人的職務。她不再參與所有的會議，但她知道那些會議的領導者都是能幹且可靠的，她只參與部分的會議，特別是有重要事宜需要討論的會議。即使在會議中，她比以前更單純且更多地觀察，她不太快地講出自己的想法，因為她的目標是從人群中得到更多想法及作法，她改變了過去與人互動的習慣方式，在會議中她仔細聆聽，問更多問題，讓討論得以持續，而她在現場所展現的冷靜，確實有其影響力。

當她想說出她的想法，她會找機會先去思考哪個原則是適當的，並且依照指導原則去決定她要對團體說些什麼。她不直接告訴會眾要做什麼，而是鼓勵他們思考。藉由成為這樣的會眾領導者與團體的資源，她開始看見新的動力產生，整個會眾開始有所行動。她自己也有了更多的能量（對於整個團體負起完全的責任，尤其是「垂死」的團體，是非常累人的），人們更願意尋求她的幫助。從此，她不再總是精疲力竭，也就有更多精力給她自己及家人。

在組織中進行自我分化

在組織中進行自我分化需採取哪些步驟呢？它們與在家庭中需要做的步驟相同，即：

- ・觀察
- ・思考、計畫與演練
- ・執行計畫

觀察

　　更多的觀察會幫助我們更加了解組織是一個情緒有機體，並且看見焦慮如何在組織中流動。誰是引發者？它往哪裡去？怎樣的模式被執行？一個人如何對焦慮的有機體作回應？誰可能需要更多時間？領導者失功能了嗎？目前引發焦慮的議題是否與領導者本身的自動化功能有所關聯？還是這些議題只是不相干的線索？每個自我如何反應？當焦慮升起時，一個人能夠控制自己的情緒狀態到什麼程度呢？

思考、計畫與演練

　　基於充分的觀察，對系統的了解，以及看清目前情勢之後，個人可以發現領導者需要做什麼。透過了解事實並且運用系統思考，去理解所觀察到的情勢，計畫就可以因應而生。這個計畫要跟領導者提升功能有關，而不是以改變系統為目標。有這樣的概念，就是分化的一步，當領導者發現什麼需要被執行，然後實際上也根據指導原則去做，那系統最終也會用正面的方式回應。

　　事先演練計畫中的行動，將有助於確保一個人在熱鍋上時，依舊能夠執行計畫。

執行計畫

就像在家中進行分化一樣，一個人如果只透過觀察及思考，永遠不會真正地提升自己成為領導者的功能，甚至只演練想法也是無效的。一個人需要真正地進入情緒「場域」，並且有所不同——繼續思考，選擇自己的情緒，向團體界定自我。

至少可以這樣說，在情緒高漲的團體中嘗試成為最好的狀態，是一個非常辛苦的歷程，但是，這是領導者的部分職責。因為思考是前額頁的活動，它會使情緒冷靜，所以仔細且專注地讓自己持續思考是蠻有幫助的。

不管怎樣，情緒緊繃時最需要的就是思考，團體需要經過思考後的好點子，再者，思考也可以降低多餘的焦慮，尤其領導者的邏輯思考及冷靜具有感染力，當冷靜在團體中流動，團體會有更多具生產力的點子出現。透過下列的方法，可以讓自己的情緒變得簡單一些：

- 幽默，在適當的時間和地點可以降低情緒張力。
- 禱告，可以有益地改變腦波。[1]
- 邏輯與思考，格外有用。

向團體界定自己，或是採取我立場，都是漸進的過程，但是，如果一個人打算在領導者這個身份上作自我分化，就必須隨時採取這個立場。這樣的行動需要花很多的思考，而且是一些平常不會發生的事情，但這卻是努力自我分化的一部分。

---

[1] 請參考本書第十三章由Victoria Harrison所著之「祈禱與情緒反應」。

王牧師，一個單親媽媽，在調任過程中告訴將來的會眾：「如果你們決定聘請我，我會把上帝擺第一，我和孩子擺第二，而你們是第三位。」她說她從來沒有被拒絕過。她知道在需要的時候，如何界定她的界線。毫無疑問地，在所有團體中，她都是採取這樣的立場。

許牧師覺得漫無邊際的開會，讓他無用武之地，實際上他並沒有任何機會表述，身為一個神職人員需要說的話，因此，他在每一個會議的首段時間創造了一個叫做「牧師彙報」的時間，在這段時間中，他說出他心中所想以及必須由他來說的事情。有時候，這就是一個自我界定的努力，因為他所說的並非總是團體想要聽的，但他只說他打從心底相信的事情。有時候，這樣的舉動把團體帶回他們的指導原則、使命、目標以及憧憬，他的報告中沒有未經深思熟慮的事情，過了一段時間，這個團體非常欣賞並尊重這份努力，而他也成為一位更具分化的領導者。

更多的指導原則

有些長期下來頗受推崇的指導原則。在此提供大家參考：
- 和組織或會眾中的領導者以及組織結構中的領導體制保持良好的接觸。
- 當謠言紛飛時，尋找起源的三角關係，並與當中的這些人接觸。
- 當事情變得緊張時，尋找更全面的視野。

- 幽默、以及其他能減輕焦慮的活動，可以幫助一個人變得冷靜。
- 一個焦慮的組織是一個不一樣的生物體——整體而言，它的功能表現會與焦慮程度成反比。
- 與三角關係中的人們對話。
- 去找那些焦慮的「問題人物」，並且單純地「製造接觸」。
- 在適當的時間與地點，界定自己，採取立場。
- 控制在會議中的情緒歷程，尋找可以向團體界定自己的機會。
- 當想著如何進步時，去觀察、思考、計畫、演練與執行，就如同在家庭中做的一樣。
- 永遠記得「我只是要讓自己進步，不是要改變團體。」
- 禱告可以使人冷靜，三角關係可以是負向、也可以是正向的！

當領導者的分化程度提升，他們會發現自己變成不一樣的領導者。他們變得更有效率、更投入且令人愉悅、更專注、更有能力去安排優先次序以及領導團體。他們在身旁其他人迷失的時候，可以看見完整的情況。具有更高分化的領導者，可以協助組織朝他們的目標前進，依據它的原則完成它的使命。

想一想

　　個人在家人關係系統中進行自我分化時所採取的步驟，都可以應用到組織/教會中。觀察——了解系統——重要的是透過家庭系統理論的眼光去理解，思考、計劃與演練個人需要（對自己）改變的事，是有用的一步，而如果一個人要真正地提升功能，那麼這個計畫必須在系統中被執行。

實際生活的探討

1. 你認識多少高分化的領導者？你從他們身上學到什麼？
2. 指導原則如何幫助處於領導者角色的人，獲得更多基本自我？
3. 描述一個領導者為分化所做的努力。
4. 舉出一個在組織中獲得更多自我的步驟。
5. 為什麼與三角關係中的人對話這麼重要？包含哪些原則？
6. 處於團體焦慮中，你選擇自己情緒的能力如何？
7. 什麼能幫助你脫離情緒張力？
8. 為什麼一個焦慮的團體會是個契機？
9. 對你而言，什麼是成為優秀領導者的第一步？
10. 對於一個領導者來說，界定自己有什麼意涵？

chapter ⑦

我做得如何？
——進步的評估

在這個過程的某些時刻，多數人會想這樣做值得嗎？「我已經做了很多，但是我有任何實質收穫嗎——我有比開始的時候更加分化嗎？」針對這一點，我們開始嘗試想出能測量進步的方法，讓我們現在就來看看一些適合評估個人在生活中，以及領導角色中有否進步的方法。若想一探個人在生活中的進步議題，有哪些好奇及疑惑的問題，請參考本書第五部分關於Bowen理論的研究[1]。

---

[1] 請參考第十四章由Timothy Berdahl 所著之「自我進步的評估」。

個人的進步

如果個人自我分化的進步，是領導力與其他生活層面成功的關鍵所在，那執行這項工作就變得格外重要。但是，我們如何知道我們有收獲？我們如何知道我們發展出了更多自我？許多執行自我分化的人，不時會問自己這個問題。有趣的是，就像許多進展一樣，透過回顧最能夠看清這一段的進步。我們透過往回看，能夠看到我們生活中很大的不同，而且只要我們繼續做，這些不同就會一直不斷累積。以回顧的眼光來看一個人的生活，可能會而「完全不同到讓人無法辨識」[2]的地步。

以下是幾個可以追縱的標記，它們會隨著自我分化程度的提升而有所改善[3]，包括：

- 生活變得更簡單
- 更好的關係、更多的關係
- 更能夠在思考與感覺中作選擇
- 更能夠選擇自己的情緒
- 較不擔心他人的想法
- 家庭成員做得更好
- 目標變得更清晰
- 目標變得更實際

---

[2] Bowen用來描述一個人真正增加他的基本自我（即使只有一點點）的詞彙。

[3] Bowen説至少有二十三個，但是從來沒有完整説明。Personal communication from Andrea Schara.

- 能夠與他人的情緒保持距離
- 有更多好奇
- 更清晰的思考
- 更加頻繁地以系統思考
- 更好的健康，更少的徵狀
- 採取一個深思熟慮的立場
- 他人會找到一種方式，讓你知道你正在對的軌道上

生活變得更簡單

「人生即苦」[4]，一句佛教的用語，亦是M. Scott Peck的觀察。

許多人在建構更多自我分化的計劃時，當回顧自己的過往，都會記得那些還未開始執行分化的日子，生活是多麼艱難。他們記得即使不是每一天，也總有許多日子的努力掙扎，雖然自我分化的進行也需要許多努力，但這跟低分化時的費力不同，而且指導原則使這條路變得更加順暢，關係變得更好，思考變得更清晰，做決策也變得更為容易。所有這些被帶進生活的部分，並不會被視為難題。

再者，生活中因著分化概念帶來更多自在，可歸結於這個事實——某個程度上，我們培育了越多基本自我，就越能減輕我們的潛在焦慮。因為融合帶有它們自身且固有的焦慮，所以

---

[4] Peck, M. Scott, the Road Less Traveledm Simon and Schuster, New York, 1978.

當我們分化出更多自我（隨著時間而越來越遠離情緒融合），自然地，我們背負的焦慮就越來越少。

許多生活中的苦難，皆奠基於具有毀壞性的過度焦慮，進而產生徵狀、固定的關係模式或不好的決策。所以當焦慮減少，生活中的許多問題自然不會發生，生活變得簡單了。當然，攜帶更少的焦慮，也讓生活變得更自在，當這情況持續發生，它就是一個標記。實際上，當一個人可以享受一定程度的自信，即意指的自我分化已經發生了。

當然，生活變得簡單是需要時間的，同時，它是漸進式且難以察覺，因此，唯有透過回顧，此標記才能清楚可見。

更好的關係、更多的關係

在家庭關係中進行自我分化，不是一件容易的事情，對我們大多數人來說也不是一件自然的行為。然而，Bowen 說沒有任何事情，可以比與真實存活的家庭成員建立一對一的關係，更能培育更多自我。他鼓勵人們回到自己的原生家庭，就在他們開始的地方，帶著自己的習性去連結那些特定的刻板印象，關係中不同程度的焦慮，以及他們思想與情緒的困惑點。這樣的回家工作非常合理，因為，如果我們在原生家庭中發展了融合，或是不分化（融合的傾向），那麼，在這個原始情緒單位中的某處，就存在著使我們能夠離開它們的鑰匙。

第一件可做的事，就是嘗試和在世的親戚建立關係，盡可能越多越好，包含尋找許多我們並不非常熟悉的親戚。對我

們多數人來說，這意味著對抗某種程度的切割，這種情緒切割已存在於我們的大腦之中，所以當我們開始對抗，會引起自己本身以及家庭的反應。但是，透過這麼做，我們能學到很多關於反應、處理反應以及相互連結的事。我們不只能夠學習到這些，當每次我們違反它，也就是對我們的反應模式做了一些改變，盡力和越多人相互接觸，我們也能夠越加了解系統的價值，並在其中學習管理自己的狀態。

在這樣的努力中，使用圖表或家庭圖會有很大的幫助，這也是教練可以協助的地方之一。當我們與越來越多系統裡的人接觸，一些改變就會發生，因為在這更大系統底下，有著其最基礎的道理，而這種感覺正是改變本身的一個標記。

再者，當我們在關係中使用家庭系統理論的原則，特別是在困難的關係中，我們將會發現這段關係變得更平和順暢。單純地理解關係模式，就能指引我們脫離它們，進而創造越來越好的家庭關係。透過回顧檢視，我們就可以看見關係品質在一段時間之後的差異。

更能夠在思考與感覺中作選擇

當我們可以在關係融合中解放自己，在此同時，另一種融合，也就是思考與感覺的融合（某種程度地存在於我們每個人身上）也會隨之降低。大多數的人發現，自己的思考被情緒嚴重地影響與限制，但是，當我們能選擇我們想要由思考或者感覺來作主時，許多生活中的事情會變得更順利，包括作決策、

能量的程度、生活表現以及團隊參與……等等。

如此，關係也會改善。如果一個人可以選擇不涉入他人的情緒，將會減少自身能量的耗損，也因此更多能量得以用在其他更重要的任務上。

有能力去分辨思考與感覺，而且，讓自己擁有更多選擇，隨著時間及運用的增加，這樣的成長也可視為自我分化的另一個進步指標。

能夠選擇自己的情緒

當個人在家庭關係系統的融合中，努力建立更多自我，則選擇自我的情緒就會變得較容易。然而，大多數人的情緒乃建立在老舊的關係模式中，因此一被勾到，就會掉入舊有的模式裡。

運用系統思考，並不需要去定義各種情緒狀態，以及它們的外在樣貌（憂鬱、緊張、狂躁、愉悅感等等），任何的情緒張力，可以簡單地用焦慮來稱呼之。在分化的路上，我們很快就會學到，當焦慮提升到一定程度，大多時候情緒是無益的，而此刻正是該冷靜下來的時候，透過冷靜讓會引發負面作用的情緒沒有機會啟動。這種努力能讓我們獲得一種能力，用以擺脫那些會阻礙目標達成的情緒。

它同時意味著人們擁有上述能力的提升，足以待在自己選擇的情緒中，而不是作各種情緒的受害者。通常在回顧的時候，對那些曾經受制於情緒狀態的人們而言，這新發現的能力會是一個極為重大進步的標記。

不管是舞者、音樂家、記帳員，如果他更有選擇自己情緒的能力，那他所有能量就能用在更好的表現上面。在團體參與上，如果這個團體有一個思考的任務，擁有不陷入團體張力並且貢獻自己最好的思考，對自己以及團體來說，都是無價之寶。

較不擔心他人的想法

一個人通常會因缺少自我價值而感到痛苦，以自我分化量尺的觀點來說，這是一個人在乎他人對自己實際或可能想法的表徵，或者就像我們先前討論的，從原生家庭的功能位置，他們可能有一種信念，認為自我「只會」製造焦慮，他們更屬於環境取向而不是自我取向。當分化的程度提高，他們在關係中會採用更平等的位置，考慮別人的想法，但這樣的想法與感覺並非是思考、感覺以及行為的一種指導原則，它們只是出於假自我的，因為真正的指導原則是來自於內在而非外在環境。

對他人觀感的焦慮降低，自尊也會變得比較不是問題。當自我可以根據個人的自我原則而被實際地評估，就是自我做出了不與任何人比較優劣的決定。

當分化程度持續增加，焦慮則會大幅降低，此時，個人會釋放逐漸增強的好奇心、創造力以及生產力，而這是一個人往更好生活方向的巨大改變，這些變化都是擁有量尺上更高分化的證據。

家庭成員做得更好

另一個提升分化的標記，是核心家庭的其他成員在生活上開始改善。這是一個如此可靠的標記，以至於如果一個人的生活提升，但是他的配偶與孩子並沒有做得更好，這個基本改變就會受到質疑。

對於一起努力於自我分化的配偶們來說，進步往往並非同時發生。一人在一段時間內進步了些，但是，另一人看起來並沒有，然後，第二個人突飛猛進而第一個人則開始下滑。不管如何，其中一人的分化提升，而另一半卻沒有改善的狀況是不可能的，因為當一個人在基本分化程度上有了進步，另一半（有時候是在一些「變回來」反應以後）總會跟上。

對於正在努力分化者的孩子而言，父母親提升分化的程度，會是他們最好的禮物。首先，父母提升了分化程度，改善彼此夫妻的關係，如此在核心家庭中需要處理的焦慮就會較少。再者，父母的關係因著自我分化的努力而變得更獨立、平等與開放，因此，孩子從原生家庭中離開時的分化程度，就會比父母沒有作分化努力的小孩來得更高，而他們的生活也會變得更好。起初，當父母做了一個改變，小孩可能會開始執行他們的「變回來」計畫，而這些要求父母變回來的反應，可能很有創意或具有難以預期的轉折，但是，只要父母能夠看出這些行為的目的，持續保持目標，並且不去防衛、解釋或反應回去，小孩的這些反應就會在短時間內消失，而整個家庭會持續

提升至更好的功能程度。

　　當我們看見家庭成員的功能從他們的平常程度往上提升，我們可以將它視為自己可能做了一些進步的標記。

目標變得更清晰

　　帶著較少的焦慮，頭腦的思考會運作得更好。儘管很多事情的發生來自熱情，但是選擇若沒有伴隨一些認真的思考，人們會在一個接一個的熱情中熄火。有熱情時，人們就行動，這是一種生活型態。另一種更高分化的生活型態，則是透過反思自己的能力（現在的能力以及正在發展的能力），評估自己處境的真實狀況，以及計畫最適當的下一步，將一個人的指導原則及長期目標放入考慮，進而對生活做出紮實的貢獻。

　　如果一個人努力地去發展出指導原則，從中就會進展出個人使命（指個體或組織能做得比其他人好的地方）、短期目標（在接下來五年內符合個人使命的努力）、以及展望（根據個人使命而成的長期目標）。一個據此深思熟慮而行動的生活，會對人性做出獨特且重要的貢獻，這就是一個有價值的生命目標。

實現目標

　　當一個人將目標以及他的生活使命思考清楚，就會一步一步找尋方法以實現這些目標。許多目標是在行動中被啟動，

並且透過關係而被實現，諺語說：「重要的不是你知道什麼，而是你知道誰。」雖然這句話並不能完全描繪更高分化的生活（在更高的分化中，人們是更有能力且精明的），卻強調了關係對於達成目標的重要性。單憑一個人並不能成就太多有價值的事情，但是當一個人增加了他的基本自我，並且使自己與他人關係運作的更好，人們彷彿會彼此協助來完成重要目標，這是分化的個體能達成目標的重要原因之一。

另一個原因是分化的個體能夠從一些曾經拖累他們的東西，例如焦慮的重擔、低品質的關係以及自我挫敗的模式中獲得自由。

所以，目標的達成也是另一個獲得更多基本自我的重要指標。

能夠與他人的情緒狀態保持距離

另一個顯示基本自我的程度正在提升的指標，則是清楚的界線。基本自我的程度提高，代表在界線上他人情緒的可滲透性變低，當一個人可以與他人（尤其是與重要他人）保持聯繫與興趣，同時又能獨立思考，不吸收他人的強烈情緒，這是一個更高分化的生活指標，對於我們大多數的人而言，也是一個進步的指標。

同時，當一個人的進步是「基本自我的」而不是「假自我的」，這也是一個進步的訊號。

對討厭的人有更多好奇

高分化的人擁有一種「研究精神」，對他而言，整個世界就是一個實驗室，等待被發現及了解。畢竟，阻礙我們對於他人以及周圍世界的興趣，往往來自於他人會怎麼想自己的焦慮及擔心。

Bowen在演講及錄音紀錄中提到一個個案的故事，這個個案沒有任何一個住院醫生想要治療她，所有的人，包括精神分析師都逃避著她，大家在私底下以「臭鼬女士」稱呼她。Bowen說：「如果你在一個臭鼬工廠上班，你可能會盡可能地遲到早退。」

「但是，如果你決定要研究是什麼讓臭鼬這麼臭，你可能會是工廠裡第一個到達且最後一個離開的人。」對其中一位住院醫師而言，這是一個充滿挑戰的個案，於是他接下了這位「臭鼬女士」為個案，而他得到了一個「完美的成果」。

就如同好奇心可以使治療師在面對困難個案的關係中走得更遠，對於能重燃好奇心（大部份的人在八年級以後就開始被徹底的壓抑）的任何人來說，好奇心能使他們在關係中、問題解決以及一般的人類系統中，都有更好的表現。

致力於分化的人們會發現他們天生的好奇心回來了，它給生活帶來很多的益處，這可以做為代表另一個基本自我成長的指標。

更清晰的思考

當基本自我被建立，假自我減少，則阻礙思考的焦慮也會減少。清楚、聚焦思考的益處很多，例如，看清自己在什麼位置、該往哪裡去、邏輯思考、了解自己與他人以及提出正確問題的能力。

系統思考

我們大多數人並不會自然地「思考系統」，而是必須很努力地去學習這種思考方式，這種方式包括收集更多的事實，以及運用家庭系統理論的原則。在我們投入時間，嘗試去內化這種新的思考方式時，許多人會發現，當身處焦慮中，我們蠻容易失去系統思考的能力，而且會輕易地重拾因果思考及單方面的責怪。

當我們發現自己越常使用系統化思考，甚至在焦慮的情境中也能如此，它就是一個訊號，表示我們的長期努力已經開始有所收獲。

更好的健康，更少的徵狀

當壓力夠大，就算是分化較高的人也會產生徵狀，但是，相較於分化程度較低的人，他們需要更多的壓力，才會使

他們產生徵狀。因此，當我們提升分化程度，我們的生理健康也會改善。

同樣的道理，分化程度提高的人，會發現他們的各類徵狀也減少了，這些徵狀可以是生理的，像是生病或殘疾；也可以是心理的或情緒上的，像是情緒疾病；它們也可以是社交性的，例如破壞性的衝動行為、在校低成就或是成癮。

分化程度較高，焦慮也會較少，各類的徵狀都會較少。

回顧過往，這個差異通常是顯而易見的。

採取一個深思熟慮的立場

大多數人會附和團體，想要在團體中保有好名聲，避免被議論，或者，他們在任何時候都堅持自己的立場，總是扮演反對者，然而，他們的立場都不是經過深思熟慮後的選擇。身為團體的一員，當自我能傾聽所有不同的觀點，適度了解家庭及其他團體，根據自己的基本原則及堅固思維來建構立場，並且用他人能夠聽懂的方式向家庭或組織表明自我，這就是提升自我分化程度的一個指標。

在關係系統的人們會說「謝謝你」

當人們擁有越來越高的分化程度，身邊的重要他人會透過某些方式，讓他們知道自己正在對的軌道上。這些人會看到他們的不同，被他們吸引，並喜歡他們現在的樣子。實際上，這

些人可能不是針對努力分化者所做的事情表達感謝，但會說一些或做一些什麼來表示他們看見了不同。當這些人這麼做，代表努力分化的工作做得很好，並且在增加自我上已有了一些收獲。

領導者的分化

當人們在家中的自我分化程度提高，就不可能不影響他們的領導品質。分化會影響一個人的所有層面，因此，在領導角色上也會有更好的表現。領導者只不過是一個位置，不論是父親或母親、總裁、牧師，同樣都只是一個位置。在這些位置中，個體之高分化或低分化行為，完全取決其分化程度，即使僅在分化自我上做出努力，也會為領導品質帶來巨大的不同。

再者，在家庭系統中進行分化也是一種領導，它不是要領導別人，而是領導自己，它像是在說：「我想要讓自己有些改變。」然後在沒有喧嘩或宣告下進行（除了當個體在溝通表達我立場的時候）。舉例來說，不背負他人的焦慮，就是一種領導的地位（大部份的人無法做到），因此，對於那些在家庭中努力進行自我分化的人，他們會被放在領導的位置上。不論他在家中的功能性位置為何，這個人會以成人的身份，站在一個更高分化的位置，而這樣的努力將會永遠地改變一個人。

個人要如何分辨自己是否已經從組織中分化出更多自我？這和辨別自己是否從家中分化出自我，是同樣的方式。許多相同的標記及訊號是可以應用的：

- 生活變得更簡單——組織中的領導者可能比家中的領導者更複雜一些，但是，若能持續進行自我分化的工作，則組織中的領導工作也會變得簡單些，同時，較少的焦慮將會帶來較高的功能。

- 有更好的關係、更多的關係——與組織中的更多人保持聯繫，這種領導者更像是一個關係的專家，他或她會讓人有好感。

- 更能夠在思考與感覺中作選擇——避免掉入團體迷思或衝動性行為，他或她可以獨立思考且用他人可以接受的方式溝通。

- 更能選擇自己的情緒——能夠保持在良好的心情狀態，對組織而言是一大資產。

- 更不擔心他人的想法——這種人並不是對他人的評價置之不理，而是可以仔細考慮這些評價，然後採取行動。

- 當領導者提升自己的分化程度並且保持系統思考，則組織中的人們也會運作得更好。整個組織的良好表現，就是這種領導統御的成果。

- 目標變得更清楚——而且，領導者能夠指導組織進行思考，引領大家去思索組織的指導原則、使命、目標以及展望。

- 達成目標——當群體開始在更少焦慮的情況下運作，他們就能完成更多的事情，並且達成目標。

- 能夠與他人的情緒狀態保持距離。這件事在組織中也跟在家中一樣的有用。但是保持距離並不是疏遠，她或他

仍然會與他人保持聯繫。

- 更多的好奇心——這樣的領導者並不害怕面對事實，甚至更勇於去收集事實，他或她十分接納事實，並視之為決定方向的必要之務。低分化的領導者則被團體迷思與關係壓力所引導，而不是事實。

- 清晰的思考是高分化領導者的重要元素─它使決策、問題解決及目標設定的過程，皆能受益。

- 系統思考——讓高分化的領導者能讀懂組織中的秘密。所謂「問題人物」，只不過是一個「焦慮的人」而已。

- 個體和組織都有更好的健康及更少的各類徵狀——有時候，團體中會有某種特定徵狀的蔓延，這表示它是一個焦慮的組織，並且擁有一個焦慮或壓力過大的領導者。反過來，當更好的健康更好地擴散於組織中，即代表整體而言分化工作做得不錯。

- 採取一個深思熟慮的位置對某些領導者來說是困難的，甚至是不可能的任務。一個卓越的領導者必須謹慎地堅持立場，並在必須採取「我立場」的時候，堅定而不遲疑——這是另一個基本自我正在運作的訊號。

- 人們用各種方式讓你知道你正在對的軌道上，組織會對你表達感謝。

- 組織運作得更好。

在研討會中進行研究

　　若有人想知道一個訓練經驗是否實際造成提升分化的效果——對系統思考者而言,這是唯一值得的目標,那麼,一個測量工具是必須的。

　　我們知道一個人的分化程度難以測量,除非去觀察多年下來的生命軌跡。因此,該如何取得一個粗略的近似值,來看看個體在生活中是否已經有了一些預期改變,而非企圖去精準衡量分化程度?

　　大約十年前,在研討會的一開始,我們詢問註冊上課的領導者,他們覺得自己目前的發展如何。我們問的問題並不是要試圖測量分化程度,但它們的確根植於分化的概念,這些問題是用來知道參與者是否注意到自己的任何改變。為了得到粗略的改變程度,我們要求他們根據自己去年以及今年的表現,用1到10的等級來評定自己。

　　許多人說:「為何你不要求他們在一年的開始評定自己,然後在結尾的時候再評定一次?」原因是如果這樣做的話,人們就會牽涉到絕對的數字。他們不會記得特定項目中,他們在一年前曾經給自己的評分,所以這樣的評定缺乏意義。為了單純地評定「記得的改變」,我們選擇同時詢問他們兩者的分數:一個評定他們一年前的表現,一個是現在的表現。如此一來,我們認為這會顯示他們覺察到自己改變的程度,當然,我們的興趣並不在於知道改變的確實數字,而是在於大概發生了

多少改變。

評估結果

　　上述這個評估法，多年來在「非凡領導者研討會」中被廣泛使用，並且用來評估該研討會的成效。大家可以在本書第十四章，由Tim Berdahl牧師所撰寫的文章中找到該評估表。

　　在生活改變之外，我們也想測量參與者的理論基礎為何。在作者的經驗中，如果你懂理論，你就會用它。如果你不懂，你當然就不會用它。在每一年的結尾，我們簡單地詢問他們，請他們列出Bowen家庭系統理論的八大概念。只有當人們十分了解這些概念，才能在需要的時候及壓力情境下，當他們想要「思考系統」時，就能回想起它們，如此，這些概念才能真正活用在生活中。

　　而且，讓參與者置身於被評估的歷程（他們知道他們將會被詢問），代表他們會努力去記住這些概念。

想一想

　　對一個高分化的領導者來說，回顧自己生活的轉變是必要的評估。許多標記會隨著時間出現，用以說明分化努力上的進步，而大部份的進步都牽涉到人與人的關係，以及在思考與感覺中有更多選擇，和系統思考的運用。

實際生活的探討

1. 過去是什麼促使你在生活中更加成熟？

2. 什麼是個人生活中，自我分化真實進步的重要指標——請舉出幾個。

3. 什麼是領導者分化出更多自我的指標？

4. 你可以為個人生活的進步，舉出更多未列在本章中的指標嗎？

5. 你可以為領導者的進步，舉出更多未列在本章中的指標嗎？

第四部分
生活中的自我分化

「一個社會系統，無論大小，它之所以能夠朝獨立性邁進，必然是由一個強壯且對自己信念充滿勇氣的領導者開始做起，這領導者能夠整合團體，並且清楚自己的指導原則，他也能夠透過自己所界定的原則做出決定，而不受到自己強烈情緒的反抗。」

chapter
8
建構在原則之上的生活

　　當我們想要尋找將理論運用在生活中,並且高度自我分化的典範時,什麼是典範所該具備的特質?是擁有美滿的家庭生活?是明確的表達立場?是良好的情緒管理?亦或是規律而有原則的生活方式呢?

　　可以確定的是,從過去到現在,我們總能找到符合上述任何一、兩項成就的人。雖然,我們可以假設一個擁有完美自我分化的人,一定能夠滿足上述的所有特質,但是,人終究只是人,在無盡地追尋中,我們的壽命有限,不可能達到完全的分化程度。所以,當我們尋找一些值得仿效的對象時,他可能是享有崇高的社會地位,或是擁有美滿的家庭生活,但要找到達成所有高自我分化成就的人,幾乎是不可能的事情。但作者發現一

個唯一的例外——耶穌‧基督。他的生活被記載在本書第五部分,由Robert Creech牧師所著作的「新約中的與自我分化」。因此, 關於自我分化的多元內涵,我們可以做的是,從他人的生活中學習,這將啟發我們如何去進行自我分化的工作。接下來所關注的偉人,包含了牧師與不同領域的人,我們將以他們的人生做為實例,引領我們去學習自我分化。他們是馬丁‧路德(Martin Lurther)、約翰‧衛斯理(John Wesley)、英克斯‧馬勒(Increase Mather)、以及約翰‧亞當斯(John Adams),我們將依序深入探討之。

馬丁‧路德

我們可以在歷史中找到很多例子,其中一個最明顯的例子,就是十六世紀,馬丁路德針對道德敗壞的教會做出的聲明,他說:「這就是我的立場,我不得不如此。」這是我們耳熟能詳的故事。[1]

當馬丁路德在梵蒂岡提出對教會神職官員的異議,以及在威登堡教堂的大門上釘上九十五條論綱後,他被譴責審判,並被要求為他所做的言論公開認錯。他的反對議論是建立在個人研讀神學和聖經的基礎上,而非輕率地下定論,那時他已經教授和宣傳他的觀點多年,經過深思熟慮之後,他才聲明自己的立場。當聖經被翻譯成德文的同時,印刷機正好問世,這是一次聖經的革命,世人不必藉由教士來認識聖經,而是人人皆可

---

[1] 見Nestingen, j., Martin Luther, a Life, Augsburg BookS, Minneapolis, 2003。

自行閱讀，路德隨即出版了德文版聖經。雖然他講道並記錄了完整的神學，但他最為人所知的，就是他引發了改革運動、為神的恩典所做的辯證、每天的服事以及忠誠的實踐。[2]

在一開始，許多人認為路德的領導並未對大環境產生正面影響，他被逐出教會的時候，這片土地上的暴力事件頻傳——農民戰爭的發生。然而，這股推動教會改革的力量，獲得了最終的勝利。路德不僅開啟了宗教改革，也為羅馬公教種下了改革的因子。

更進一步來說，路德改革運動的影響，至今仍深深地影響我們，不僅在德國，更蔓延至世界各地。

約翰・衛斯理

十八世紀中期，約翰衛斯理的使命，就是振興英國教會的宗教生活，以及開啟一項運動——教義實踐。他教導人們寬恕、聖潔以及順服的生活[3]，並終其一生都在他所屬的教區擔任牧師。在他向信徒們傳教並深耕地方教會的同時，他始終尊崇英國國教，但在講學與傳道方面，他卻極少與官方教會有所關連。他公開地傳道（與懷特菲爾德一樣），也發展一套立基於聖經及基督教教義的信念，並以此組織禱告和學習團體。歷史上所謂的「第一次大覺醒」在當時席捲了英國，整個社會變

---

[2] 同上，第35頁，以及其後內容。
[3] Heitzenrater, R., Wesley and the People called Methodist, Abigdon Press, 1995, p. xi,以及貫穿書中之內容。

得相當不同，而這一次的大覺醒，對英國社會的影響，涵蓋了它對每個教區的影響。

在「大覺醒」時期，酗酒的情況猖獗，監獄不敷需求，在城市的街道上行走也令人感覺不安全，童工的福祉被嚴重剝削，雖然「大覺醒」只對十分之一以內的人口有直接影響，卻對社會秩序造成顯著的改變。

監獄被清空，酗酒不再是問題，地方街道重新變得安全，童工相關的法律重新制定之＜同時，反奴隸運動崛起，女性普選的議題也被關注，使女性擁有投票權，可以說，當時是英國公民社會發展得最好的時刻。雖然有些人預測過這些改變必然發生，但若沒有衛斯理的第一次大覺醒，人民就不會井然有序地過著充滿道德、愛與和平的生活，英國更可能面臨與法國大革命一樣血腥的革命。[4]

當「第一次大覺醒」來到美國，引發了長春藤聯盟以及其他大學（約一百所）進行牧師訓練以傳播基督教信念，其他各種覺醒運動也都追隨了相同傳統，包括傳道運動、救世軍、紅十字、主日學校運動和基督教青年會的第二次和第三次大覺醒。[5]

---

[4]　衛斯理的基督教大覺醒（The Great Awakening）對基督徒社群之影響，可見 Bready, J Wesley, This Freedom-Whence?, American Tract Society, New York, 1942與 Semmel, Bernard, The Methodist Revolution, Basic Books, New York, 1973, 與 Swatos, ed., Encyclopedia of Religion and Society, s.v. "Johon Wesley" Hirr.hartsem.edu/ency/Methodism.htm

[5]　William, W., "The Social and Historical Impact of Christianity," http://www.prode.org, Apirl 20, 2004.

英克斯・馬瑟

　　另一個為他的世代帶來改變的牧師，就是英克斯馬瑟，他是卡登馬瑟的父親，也是哈佛大學的校長。他生存的年代，正好是薩勒姆女巫案發生的時候，他反對這樁女巫案，此案牽連了無數人的刑罰，共有十九位男女被處決，其中包含一名八十多歲的老翁也被指控與巫術有關，甚至有兩隻狗被認為是幫凶而遭到處決[6]。英克斯馬瑟說服人們必須停止這些事件，在他公開反對女巫案時，已有許多州遭受牽連。他寫了《Cases of Conscience Concerning Evil Spirits》駁斥那些用來指控女巫案之無辜人們的薄弱證據（「幽靈」證據───一手指指出的方向或某人隨意的指控）。

　　馬瑟召集波士頓的牧者，表達了自己的立場：「寧願放走十個有嫌疑的女巫，也不願任何一個無辜之人被誤判。」之後不久，薩勒姆女巫案便結束了[7]。

---

[6]　Linder, D "An Account of Event in Salem,"

[7]　Sutter, T., "Salem Witchcraft, the Events and Causes of the Salem Witch Trials," www.salemwitchtials.com/salemwitchcraft April 20, 2004與Linader, D., "An Account of Event in Salem," www.law.umkc.edu/faculty/project/frials/salems.june 29, 2004.以及The Columbia Encyclopedia, 6th University Press, New York, 2001 www.bartleby.com, June 29, 2004.

約翰・亞當斯

在David McCullough所著的「John Adams」一書中[8]，詳述了這位偉大的建國者，同時也是第二任美國總統的生命故事：「……卓越非凡、異常獨立、時而暴躁、永遠忠誠的北方愛國者……」，被傑弗遜認為是「獨立的巨人」[9]。

我們能從這位遵循原則與高功能領導者的生命故事中學習到什麼呢？從David McCullough在書中對約翰亞當斯的描繪，我們來看看以下幾個面向：

- 他的原生家庭
- 他的婚姻與核心家庭
- 為人父的亞當斯
- 依循指導原則
- 宣示立場
- 生活目標
- 公眾生活與人際關係

亞當斯的原生家庭

關於亞當斯的母親，我們知道：「他深深地愛著她——她是他引以為傲與摯愛的母親」，還有「她是一位極有原則、意

---

[8]　McCuullough D., John Adams, Simon and Schustar, New York, 2001.

[9]　www.electricggplant.com/davidmccullough.

志堅強、性情剛烈且精力無窮的女性。」[10]

　　他的父親「是他的偶像。亞當斯認為他父親的誠實、獨立的靈魂和愛國精神，是他一生的啟發。」[11]他這麼說他父親：「在學習和生活上，父親以智慧、虔誠、仁慈和寬容對他有相當程度的影響，他比我所知道的更卓越。」[12]

亞當斯的婚姻及核心家庭

　　顯然地，亞當斯的婚姻自始至終都是一段正面積極的關係，McCullough形容他們的互動就像「情書」[13]一樣，亞當斯稱呼他的妻子為「我最親愛的朋友」。雖然因為公職讓他離家多年，但他的每一次離開，都是夫妻倆一起做的決定[14]，包含亞當斯的職涯決定，而這就是一種團隊合作───一起工作、一起思考。然而，艾碧嘉亞當斯不是一個被動的夥伴，她主動關心重要時事並發表意見，例如，女性地位[15]和奴隸[16]的社會議題，她很清楚自己的立場和優先順序。亞當斯這麼形容她：「……一種有益且穩定的影響。」

　　除了一個孩子，他的孩子們，過得並不像他們一樣好，

---

[10] McCullough, op. cit., p.33.

[11] 同上，第33頁。

[12] 同上，第33頁。

[13] "The News Hour" on Public TV, 2001. 因為亞當斯時常不在家，所以有許多書信，而這也成為了McCullough的研究基礎。

[14] Mcllough, op. cit., p.168.

[15] 同上，第104頁、第303至306頁、與第308至309頁。

[16] 同上，第26頁、第103至104頁、第133至134頁、與第553頁。

然而：

- 約翰昆西亞當斯，第六任美國總統，擁有美滿的婚姻並育有四個孩子。
- 艾碧嘉，暱稱「娜比」，有一個穩定的婚姻和四個小孩，卻在48歲那年死於乳癌。
- 蘇珊娜只活了一歲多就死於疫病。
- 查理斯因酗酒過世，得年30歲，留下了妻子與兩個小孩。
- 湯瑪斯有六個小孩，擔任父親的財產保管人直到60歲。

為人父的亞當斯

約翰亞當斯與妻子都很清楚他們的指導原則，而且對孩子實施開放性教導。他告誡娜比：「我們要做的是成為好的人和做好事。」他給妻子寫道：「讓我們……保有簡約、節儉、廉潔等美德，並將它們視為最珍貴的資產，傳承給孩子們。」還有「……成為當地最富有的人……我希望不會有任何一個孩子會把這作為目標。」身為一個父親，亞當斯還寫了：

- 「人生中的每一件事情，都必須以反省作結。」[17]
- 「讀書的目的，是讓你成為更好的人和有用的公民。」
- 「女兒，找個誠實的人做你的丈夫，並讓他保持誠實。」
- 「研究總是孤獨的。」

---

[17] 同上，第259頁。

- 「我給孩子的建議是希望他們保有獨立的特質。」
- 當約翰昆西在政治上感到挫折時，他寫道：「耐心和堅忍使你帶著驕傲走過所有困境……我對你成功治理這個國家有信心。」

在約翰和艾碧嘉給孩子們的建議中，可以清楚看見他們遵循著原則，這從他們與孩子每一天的相處中也看得出來。令人感到困惑不解的是，在全部的孩子中，為什麼只有一個孩子最終沒有令人失望。要知道，在獨立戰爭這樣惡劣的時代下，生活對家庭來說，都要承受相當大的壓力。這些早期的開國元老無人能斷言，他們是在建立一個新的國家，還是走上絕路。再者，長期缺席的父親或丈夫，當他們獻身國家、於海外奮鬥的同時，都會給家庭帶來莫大的困境，尤其是在戰爭、疫病蔓延、妻子懷孕與生產之時。

指導原則的使用

我們注意到，亞當斯是如此全然地依循原則而活，而這些原則大多源自他的基督教信念。

當被提問時，亞當斯總是準備給出原則性建議。一個即將去法國旅行的美國青年向他請教要如何規畫，亞當斯回答：「簡單的裝束……行為也是，當你愈投入於職業和學業，愈少享樂，你就會跟那些值得你來往的人士愈接近，……不過度自誇與揮霍無度，保持優雅的風度，會使你無往不利。」[18]

---

18 同上，第237頁。

他在執業時的穿著與指導，總是合宜而得體。給年輕人的建議，他總是以身作則、身體力行[19]。

宣示立場

有很多關於亞當斯宣示立場的例子，然而，那句「我立場」，完美地表達了他對約翰狄更生的態度[20]。

狄更生是一個教友派信徒，他曾就參與戰爭是否明智，與其他教友派的創立者討論。顯然地，他並不傾向和平路徑，而亞當斯則立場堅定地告訴他：「我不會被恫嚇。」[21]

他的目標

亞當斯從未偏離他的最初目標：「……獨立的美國……超越獨立之上，一種共和的政府型態是人民最終的需要，而這政府應該建立在承諾與均權的基礎上。」[22]

公眾生活與人際關係

亞當斯的公眾生活，正是他依循指導原則的最好例證，馬加祿形容亞當斯自始至終都是一個「勇於說出自己想法」的

---

[19] 同上，第468頁。
[20] 同上，第95頁。
[21] 同上，第95頁。
[22] 同上，第163頁。ed. Columbia

人，宣示自己的立場，為自己的信念而戰[23]。

　　雖然亞當斯的情感豐富，「……縱然在某些他的私人書寫中可以見到一些苦澀與內心的憤怒，但是，很明顯地他從未在人際間發過脾氣，或以言語攻擊任何人。」[24]

　　處理三角關係也是亞當斯生活的一部份，當亞當斯擔任美國出使法國的代表團成員之一，他發現自己處在兩個重要的三角關係之中。一個是班傑明富蘭克林與亞瑟李[25]。李總是準時、謹慎、勤奮而且小心翼翼；富蘭克林則是熱愛參加宴會直到半夜，然後隔天非常晚起。李和富蘭克林在各方面都是兩個極端。亞當斯寫道：「我面臨困境，我處在兩個性格迥異的紳士之間，……然而兩位都是誠實且熱愛國家的朋友，……或許我對他們兩位並未全然地有信心，但至今我仍與他們保持友誼。」在某種程度上，他讓這個三角關係得以運作。

　　第二個更為複雜的三角關係，是富蘭克林（傾向屈服法國所提出的要求）與法國外交部部長——福金斯[26]。他們兩者都認為亞當斯應該要接受他們的要求，但亞當斯頑抗不屈，於是他們連繫國會，要將他踢出辦公室，亞當斯不被別人對他的看法所動搖。他寫給艾碧嘉的信裡說道：「對任何意圖傷害我在人民眼中的評價……不要讓自己感到憂傷和悲痛……。」他的原則很明確：「美國並不是在打一場法國主導的獨立戰

---

[23] 同上。
[24] 同上，第163頁。
[25] 同上，第206頁。
[26] 同上，第233與第241頁。

爭。」[27]

他與傑弗遜的友情充滿波折，他們不同的政治觀點，以及情緒歷程，讓他和這位多年相挺的夥伴，處於切割狀態，且持續了好幾年。在亞當斯不間斷地試著主動連繫後，他們才重拾往日情誼，最後他們同時死於七月四日，時間相差不過數小時[28]。

當代實例

當代亦有許多人展現了作者所言之根據自己的指導原則，而有效地採取立場。

有個在中西部的朋友，受夠了城市中某個甲基苯丙胺的實驗室，尤其是他再也無法忍受許多年輕生命被實驗藥物摧殘。他打給了當地的麻醉品管制局，得到承諾卻沒有兌現。他再打了一次電話，得到的結果相同。第三次，他威脅說，若仍然沒有改善，他自己會介入這事件，幾天之後，實驗室就被充公沒收了。

波蘭的某個鎮長，在上任後隔年被一個成年組織要求再次舉行「狂歡」活動。在這個活動中，年輕人會在鎮上遊行，陶醉在非法藥物中，並持續數日才會結束。鎮長拒絕了組織成員的要求，「在我還是鎮長的時候不准！我對這些年輕人有責任。我不允許我去年看到的事情再度發生。」但這些組織成

---

27 同上，第275頁。
28 同上，第647頁。

員仍不放棄，鎮長於是聚集所有的年輕人，並為當地醫院發起了募款的活動，鎮長和年輕人一起用非凡的行動和高貴的情操[29]，共同描繪了這次經驗。一個人在其一生中不能不去思考各種不同的「高度」，而或許高層次和低層次皆各有其不同的高度！

一個德國陸軍上校認為參與伊拉克戰爭是非法且不道德的[30]，他拒絕參戰有兩個理由：其一，第二次世界大戰後，德國被禁止參與境外的任何戰爭，所以對德國人來說參戰便是非法的；第二，他決意不執行上級長官要求的任何非法行為，因為那些都是當年紐倫堡審判所做出的決議。基於這兩個理由，他清楚知道，他無法和國家一起參與美國出兵入侵伊拉克。這個案子在德國的最高法院審理後，贏得訴訟，當作者恭賀他並感激他為此做出的立場，他回道：「我不得不如此！」

在美軍虐待伊拉克戰俘事件中，有個名叫喬達比的男人，讓這些凌虐畫下句點，卻在返美之後受到糟糕的對待。[31]

學而思，起而行

我們多數人都沒有機會能採取這些激勵人心或史無前例的立場。但無論我們的背景為何，都能讓我們的指導原則愈來愈明確，且依循他們而活。

---

[29] 發生於the Mut Zur Ethik Conference held in Feldkirch, Austria, Septempber 2002.

[30] Mut Zur Ethik Conference held in Feldkirch, Austria, Septempber 2003.

[31] Sixty Minutes數次提及此故事。

值得我們思考的立場，勢必與我們的人生有關，且存在我們的生活中。史蒂芬柯維——一位知名的企業顧問與作家[32]，為他的家庭優先順序做了最好的例證。雖然身為世上最忙碌的人之一，但是因為他能夠妥善地安排自己行程，所以，他從來不缺席孩子的重要時刻和表演。

想一想

許多人能夠引述他們的原則性立場，這些經過深思後的原則，引導著他們的生活，他們詮釋了以原則做為導向的生活，並能區辨與受關係系統或情緒支配的生活之間的差異。

實際生活的探討

1. 你能找到一個高分化領導者的故事嗎？
2. 你能舉出一些以原則做為行為導向的當代範例嗎？
3. 高分化與低分化的立場有何不同？
4. 你有像任何上述例子一樣，在原則上採取堅定立場嗎？
5. 你是否考慮在未來採取跟這些例子相似的行動？
6. 有任何人或組織是你動機的來源嗎？或者你就是自己的動機來源呢？

---

[32] Covey, s., The Seven Habits of Highly Effrctive Families, Golden Books, New York, 1997, p. 3.

chapter
9

活在當下並負起責任
——指導原則、收穫與問題

始於自身的家庭

我個人在自我分化上的努力，除了對這個世代保持更佳的理解之外，還包括在原生家庭——我的父母與手足——還有我的核心家庭中努力，同時，也在我曾隸屬的一些組織中進行各種嘗試。我是五個孩子中的長女，我的父母在婚姻中對彼此從一而終，不曾有其他婚姻關係。

最初我在自我分化上的努力，是從別人的家開始，首先是我的婆家，但很快地就轉移到我自己的原生家庭。這第一次的嘗試，是在好幾年的情緒切割後，很單純地想嘗試讓家庭成員之間，能夠有更好的心理接觸。就在這第一次的嘗試中，我獲得了偌大的益處，家庭中

長久以來僵化的不良徵狀迎刃而解，此後，家中的僵化再也沒發生過了。

透過家庭系統理論的觀察，我漸漸地了解了我的家庭，更發現自己能更自在地處於家庭之中而不被影響，在家庭中越不受影響時，就越不需要與他人情緒切割。經歷這些年的努力後，情緒切割仍舊是我慣用的模式，也會是我終生的課題，需要時時去注意自己的分化程度。以下，我將分享自己在家庭中依循理論引導所做的嘗試，以強調在某些家庭生活中的關鍵時刻，即是提升自我分化的最好時機。

當家庭需要協助

在我回到家庭中進行自我分化的歷程，有個轉捩點，當時我的父母需要有人提供他們日常生活上的協助，他們當時大約八十幾歲，我的妹妹在幾次的探視中發現，光是煮飯就可以讓年邁的父母無力應付了。除此之外，還有開車也是個難題，在一段時間不開車和依靠他人的協助後，也變成了當地社區居民的負擔，父母住在偏遠的鄉下，要能在當地好好生活的條件就是必須要有人會開車，他們已經兩年沒有開過車了，這意味著，有人必須從大老遠的地方過來，給予他們生活上的協助。

那時，似乎能做的選擇，不是父母跟子女們住，就是去養老中心。我的弟弟[1]居住於離父母兩個小時車程的地方。弟弟在全家人之中，是地理位置上和父母最近，也是那些年來，最

[1] Titelman, Peter., Emotional Cutoff, Haworth Press, New York, 2003 p. 159.

常和父母接觸的人。弟弟認為他所提出的想法，會是最好的解決辦法，就是讓父母住進一家新穎、優良的養老中心，就（鄰近他住處），如此他就可以常在父母身邊並照顧他們。弟弟住在市中心，而養老中心就在他工作的路途上，這樣的條件，讓拜訪父母的路途不再那麼地遙遠。弟弟的想法獲得爸爸的同意，但是媽媽卻反對。

我並不確定事情的詳細經過，但當弟弟撥電話給我的時候，顯然地，家族已經做了決定，就是要由我去說服媽媽改變主意，離開她所珍惜的家。我並不喜歡這份指派，但我認為被選擇接下這份工作，是對我和家庭重新連結之努力的巨大讚美。由於過去的「切割」，現在確實應該承擔這份重要任務，我做了一些思考，最後和父母通了電話。

家庭中的危機時刻

危機被定義為一段時間內的劇烈改變。對我父母來說，這就是個危機，許多事物的變化對他們來說，變得太多也太快。那時，在我家庭的重要時刻，我看見了數條指導原則中的第一條：當家庭處在危機時刻，也是個人增進基本自我（自我分化）的最佳時機。我並不接受父母生命的下一個階段，必須去養老中心度過的結論。這是他們的人生，必須由他們做出抉擇。對我來說，似乎還有其他可行的方法，我和妹妹都願意提供我們的家給父母居住，我的先生和我都願意讓父母與我們同住，同時我也假設妹妹願意，我妹妹有一戶一樓的公寓，她總

是說這間房子，就是為了讓父母有需要的時候可以住。

　　所以，當我向父母表示，和我或妹妹同住、或是搬去養老中心或者他們有其他想法，媽媽和爸爸考慮了好幾天。在下一次的電話聯繫，他們表示不想和我及我先生同住，他們想要和我妹妹同住。媽媽很清楚地表明自己不想要去養老中心，爸爸則考慮去養老中心，這是個非常有趣的現象。我很少看到父母有過意見分歧的時候，但這次他們的想法確實不同。難道是我高估了他們的融合程度？或許，我應該先將過去的觀察擱置，避免以「治療師」身份，直率地指出家庭的有趣現象。

　　接著，我拜訪了排行老么的妹妹，午餐結束後，我與妹妹聊到了接爸媽同住的可能性，但結果很明顯地，這是一個不可能的選項。這次經驗也教會了我，永遠不要假設任何家庭成員的想法，而是要和每個家庭成員維持頻繁地溝通，一步一步地、確確實實地做，不斷地詢問每個人的想法，與父母和手足同在。在此同時，也浮現了一條指導原則，即在任何過程中，帶著整個家庭一起行動，將會產生催化效果或啟動新的可能。對我來說，這直接指明了我要改變我過去未曾良好作用的情緒模式，即我的習慣傾向，就彷如我是家中唯一的孩子時，我可以高興地照自己意思去做自己認為應該要做的事，而忽略了家庭的其他關係。在與妹妹共享午餐之後，我似乎只能看見一個唯一可行的選擇。當時，我詢問爸爸的經濟狀況並猜想爸爸是一位中階主管，可能負擔不起養老中心的費用。但是，我想從我自小對爸爸的觀察，我瞭解他對錢的使用準則和對養老中心費用的想法，「當我付完養老中心的費用之後，即使只剩

下一塊美金，這就是我所需要全部的錢了。」因此，我的另一條指導原則就是：跟隨著事情的真相。我看到了一個最好的選擇，「這真是一個天大的好消息。」我說，「主會提供我所有的需要。」爸爸說。當事情似乎朝向了養老中心時，我想這對媽媽來說，會是一個情緒上的難關。這時，我提升自我分化的努力就是，預期著即將來臨的情緒洪流，穩定地不陷入情緒混亂之中，密集地協助父母找尋如何邁向生命下一個階段的理想方案。這裡指出的指導原則是：當決策面臨兩極化，即極度地焦慮或是沉默時，思考第三個想法將有利於兩極化的決策。我試著把握這個機會，練習不帶著別人的焦慮，保持著尊重的態度和心理接觸，不輕率也不走沒有效的捷徑，依循指導原則而行。我理解若過度催促媽媽在情緒上做調適，是不尊重媽媽和她所感受到的情緒。此外，我也不斷地將自己調整到更好的狀態，我曾情緒化並不耐煩地和家人相處，但我改變了。當我開始計畫改變自己之後，我的自我分化任務（促進原生家庭中的關係互動模式）就是大量地傾聽，當我說任何話的時候，都是我完全且邏輯性的理解和耐心。投入於這個計畫，我有好多次流淚的經驗，不管是在電話中或是在父母家的談話，我一直看著媽媽經歷著哀傷的過程，她將離開她此生唯一認同，也希望在此終老的歸宿。她最終說：「我曾以為我們將在這個地方老去。」確實，父母也已選定了附近墓園裡的身後處。這是個重要且無法忽視的事實，或許我要做點其他的事情，才能讓事情變得更容易些。

　　我先尊重、感激和認同媽媽的感覺，然後提議：「去看一

看，並不需要做出任何承諾。」媽媽是否願意就單純地去弟弟的城鎮走一走，看看養老中心的設施？如果這趟旅行並不需承擔任何義務，媽媽或許會答應。

指導原則是我處於情緒高漲的依循，為了讓自己不去承受媽媽（或是其他家庭成員）的強烈情緒，我遵循著以下的指導原則：

- 不再運用出自己在原生家庭中的舊有的模式——和家人保持疏離的距離。無論未來發生麼事，我會試著和家人保持聯繫，並且不涉入家人的情緒歷程裡。
- 緊緊跟隨著事實的真相，了解什麼事情可能和不可能。
- 不為父母做出任何選擇。就同孩子般地陪伴他們，不跟他們說他們該如何做，也不給予他們建議，就在當下好好地傾聽。隨時檢視所有的選擇，讓父母知道他們擁有的選擇和選擇上的自由，這就是我給予建議的極限了。
- 保持著邏輯和理性，明智地看待與處理問題才是有效的。
- 在過程中等候讓全家人了解狀況。
- 問問題而非下指令（這是我的舊習慣）。

我將這些指導原則當作我的預備工作，讓我和父母相處時維持著高功能的狀態。在經歷這些事情時，我先生給我很大的幫助，他總是待在我身邊，帶著一雙傾聽的耳朵、沉著而理智的大腦。如果沒有我先生，事情很有可能不會發展的這麼順利。

旅程中，父母很喜歡他們所看到的一切，在幾個月後，他們搬家了。遷入中心之前，還需等待一些時間才能入住。在等待的時間，爸媽住在弟弟的家將近兩個月。之後，爸媽拿到了他們未來要獨立生活的公寓鑰匙，他們似乎很快地就交到了新朋友，也適應了新家的生活。一年後，媽媽向我道歉，她認為過去給我帶來很多麻煩，然而，她現在很開心，在那邊交到很多朋友，也很喜歡那裡的生活。我忍住自己想要回應媽媽的衝動，只是專心地聽她說。當家庭發生重大生命事件時，我承接了家人們的期待，扮演核心角色去處理這樣的過程，這對我和我所做的努力來說，就像家人們對我說了「感謝你」。之前，我不曾被家人要求去做如此重要的任務，然而即使我被要求了，我想我也不會覺得家人對我的請求，對我是有意義或是有幫助的。

一段時間後，弟弟開始和我通電話，向我傾訴他的心情，當他覺得父母有困難或需要的時候，也會請我打給他們。在這之前，家人從未打電話給我，所以，我也視這些來電是一種「謝謝你所做的」的感恩，對於我在家庭之中所做的努力。

長期經營

這件事過後，我仍在家庭中長期地努力與付出，包括：
- 與所有家人保持良好的接觸，並以面對面來往為主，偶爾也會透過電子郵件或電話，同時，
- 不錯過家庭的聚會或是重要事件。

- 時時掌握家人的消息或生活近況。
- 和家庭之中的每個人，建立一對一的關係。

我的長期努力也有幾次失敗的時候，一次的家庭聚會中，當我費盡心思才知道了一件大家都不知道的事情，一件關於曾祖母的事情，我很渴望跟家人分享這個故事，卻沒有一個人想要聽。當時我很沮喪，但和家人溝通之後，才了解家人們其實是願意聽的。2002年，媽媽在夜晚中驟逝，莊重而嚴謹的喪禮，牧師與親友們一齊緬懷媽媽這寬厚的一生，也都關心著爸爸之後沒有媽媽陪伴的生活。當時，理論給予我力量，在媽媽的喪禮上跟她說一些道別的話。

喪禮後不久，爸爸的生活起居需要他人的協助。我很清楚，當媽媽在世的時候，爸爸總是細心照顧著媽媽，而能夠照顧媽媽，是讓他感覺有動力和能力的關鍵。

保持接觸

人們往往會在促進家人相處，或是跟自己多世代的親戚接觸等兩件事情上，付出極大的努力。然後，在認為自己已經完成了所有該做的事情而慢慢鬆懈，更進而失去已經建立起來的關係，就如同過去會疏離家人的我，這樣的模式常常是我和家人們的關係模式。在現實中的人際之間，要如何保持接觸的家庭關係，是一個恆久不變的挑戰。一個很好的例子是，在了解我和弟弟之間是相當疏遠的關係後，我執行了每個禮拜天早上打給他的計畫。這對弟弟來說，是個愉快且願意跟我交流的

美好時光，最終也變成了大家都認為的「緊密」關係。他有時候也會打電話跟我說說他的困難和處境，這是過去不曾有過的，我們彼此這麼地了解對方，之後我們維持了九年這樣的時光。

當他打電話過來，說著自己的困難議題時，我會認為這是一種感謝——對於我依循著Bowen理論，在家庭中所做的努力。實際上，在家中最有地位的弟弟曾說過：「我不知道你去華盛頓時做了些什麼，但妳變得不一樣了，而我很喜歡妳這樣！」他所指的是我幾年前去喬治亞城接受訓練的事。也或許，是因為我在與整個家庭的關係中，變得更加地負責和投入。

單純地和每位原生家庭成員保持良好的接觸，可能會也可能不會提升一個人的自我分化。但是，個人若能夠對抗自動化的傾向，也就是當關係陷入緊張，而個人不企圖在情緒上切割與他人的關係時，我相信長久下來，一定會增進個人的成熟度。這是持續不斷地增進與家人關係的工作，也是促使一個人有著截然不同人生的工作。

弟弟的死亡

當弟弟和他兩個小孫女同時死於一場火車撞擊汽車的車禍意外，我變得非常激動。很多人致上他們的弔唁或關心的電話，他們說：「你一定能夠成為妳家庭中最棒的支柱。」理論上我知道我應該會是家庭中的資源，但是我這麼激動又該如何

讓自己有功能呢？

已經95高齡的爸爸，媽媽過世也已經五年了，激動地說：「為什麼不能讓我代替他們死？」

漸漸地，當我開始想要成為家中的支柱時，我也同時了解到，要成為家裡的支柱，除了借助於我宗教信仰，也要藉由Bowen理論的思考來看待整個家庭。我思索著，即便我還找不到明確答案，但當我思考和重新看待這件事時，就會發生某些正向的影響和改變（即便我不常和別人說我的想法）。我開始試著縝密思考，傾聽那些我願意實踐、並用來度過未來艱苦日子的指導原則。以下將逐一地討論這些我思考過的想法：

關於弟弟與孫女們死亡的指導原則與想法

1. 死亡是一種交點事件。

家庭中的交點事件，簡單而言，就是家庭中有新成員加入或離開。然而，任何死亡都有其獨特的意義，也不一定會引起情緒「震撼波動」[2]。但弟弟的死，我想是會引起的。有太多因素會促使情緒震撼波動的發生，這件意外的不可預期性和殘酷，造成三個家庭成員同時死於一場事故（其中兩個小孫姪才9歲和12歲），而弟弟對於整個家庭來說又是如此重要，再者，家庭系統的成熟度不一定能夠承受這樣的打擊。

---

[2]　Bowen，p.325。家庭成員死亡後所引發的情緒震撼，Bowen是這樣說的：「家庭網絡中，在數個月到數年的時間中，隨處都有可以發生一系列生命事件的『餘震』。」

弟弟對於家庭的重要性是個關鍵，對於父母，他曾將自己放在全家人之中最負責任的位置，當起家族的領導者，有時候甚至做得太多和過度高功能。弟弟總會每天早上順路去探望爸爸，並且在爸爸吃早餐的時候，陪他喝一杯茶再走。爸爸在弟弟狂風暴雨的青少年時期，陪伴他度過難關，這也成了他和爸爸的默契和牽絆。每當有家庭成員想要對他所做的一切，表達感恩和致謝時，他總會簡單地說：「這是我回報的時候。」

2. 當重要家庭成員死亡時，三角關係的改變。

　　在我家庭中的幾個例子，如下：

　　弟妹和她的姐妹，恢復了切割之後的聯繫。

　　弟妹原本和她的原生家庭相當疏離，但在喪禮時，家人們前來拜訪，我察覺到她和家人的關係，在當下發生了變化。

　　然而，弟弟他們的死亡仍讓活著的人無力承受，例如弟妹、孫姪女的父母以及家庭中所有的成員。

　　此外，一個很重要的問題浮現在我們家庭成員的心中：「誰將成為陪伴爸爸的人呢？」我們遲疑著，到底我們之中有誰能夠在未來多陪伴爸爸。

3. 家庭中高功能者的死亡，會引發焦慮且緊張的時期。

　　兩位女孩的死亡，帶來了無可忽視的情緒張力。

　　兩位女孩的爸媽是最為傷心、痛苦的人。他們的生活總是環繞著有關女孩們的事情，他們都在弟弟所創立的公司上班，在這個例子中工作對於他們來說倒是個幫助。這件事對於弟

妹，也同時是兩個小女孩的祖母來說，則是毀滅性的痛苦。她的生活總是以先生為重心，兩個子女和孫女也都和她居住在同一個社區之中。

看著兒子和兩個小曾孫女比自己早走，爸爸遭受非常大的打擊。不管體力是否能負荷，他出席了所有喪禮活動，展現了他強韌的內在意志。

整個小鎮，包括小學，都被這個意外所震撼，很多小孩以及他們的家人，也都來參加喪禮。

4. 當陷入焦慮時，個人會重複他慣有的人際關係和功能性位置。

在處理喪事時，我有非常多的機會可以觀察，原生家庭的情緒歷程在邁向高張力狀態時，所呈現的所有模式與姿態。我驚訝於我自身的情緒歷程，那強烈而深層的個人感受，使得我在一年中，經歷了三次生理性的疾病，而生理性的疾病是我固有的模式。

由於手足們處在自我分化量表上不同的位置，他們並不是天生就互相吸引著彼此，也就是他們並不會自然而然地選擇彼此作為朋友，所以家庭聚會才會如令人難以自在地參與。在焦慮時期，這些不同之處越會被凸現出來，人們會因為自身的融合、未分化，而表現出不成熟。

當我處於情緒歷程中，我離開家庭聚會，我說：「我不想待在這兒。」在我冷靜下來而能思考時，我單純地將此視為進入下一個世代的家庭情緒歷程，這是一般家庭中會發生的事，尤其當焦慮升高時。在當時，有一兩次，我確實有把握機

會，採取自我的立場，那是我應該做的工作，去對抗自我的舊模式，讓自己不陷入沮喪或情緒切割中、保持思考、盡快地與系統保持冷靜互動。當我回顧我所做的一切努力，已經很難理解，何以當初會如此困難。

5. 我的目標——不論如何，保持與家人的接觸和最好的自我狀態。

　　比起讓焦慮輕易地淹沒我，如果我能夠處理我慣於情緒切割的傾向，就可以從關係中學習更多。我會試著只保留屬於我個人的焦慮，而非其他成員所帶給我的焦慮。

　　當我能夠清楚地看到家庭中許多成員的情緒性行為模式，我就越能夠觀察到他們的互動模式，隨之，我的情緒就越不會受到他們情緒爆發的影響。

6. 一如往常地工作的重要性。

　　當孩子們的父母發生這些事時，我再次發現工作的價值—邁出步伐，超越另外一隻停在原地的腳。工作讓我從高壓狀態中得以休息，幫助我回到情境之中細心思考，安穩我的情緒。對我而言，這不是一種新的或自我分化的行為，而比較像是我一生的人格特質。

7. 婚姻，在緊張焦慮下，會比其平時更緊張。

　　一個心態成熟、願意攜手走過緊張時刻，並且協助彼此預防與行動的夫妻，會是一個極大的助力。許多時候，我很感

謝我先生所表現的沈著、體貼和理解。我想若婚姻正處於焦慮期，想必情境會更艱難。這究竟是一種「絕配」，抑或是一種雙方共同努力的結果？或許，都有吧。

8. 和朋友及家人的接觸，總是有用的。

　　我未曾如此深刻地感受，當遭逢喪親之痛時，人們彼此聯繫之情感價值。當個人感受到失去整個世界，若身旁有人陪伴、回應自己的呼喚，如一些卡片和禮物，往往都是有用並能撫慰人心。之前，我從未如此地感謝這些人事物。

9. 目標是自主地去思考或去感覺事物。

　　噩耗後幾周，我有嚴重的偏頭痛，奇怪的是，我並不認為這是我的家庭醫師所說的「焦慮症狀」。

　　我有意識地決定讓自己少一些哀傷，冷靜我的反應。這發揮作用，偏頭痛消失了，我為我自己感到慶幸，自己可以在被診斷之外，選擇自己的思考與感覺。

與下一個世代工作的指導原則[3]

　　在我的核心家庭，謹記以下的原則，幫助了我和孩子們的相處。

- 容許我孩子和我不一樣。
- 孩子不一定要採用我的原則，但時機對的時候，他們或

---

[3]　請參考附錄三「自我立場，在家庭中提升自我」。

許會有興趣知道。

- 當他們離開，我不必視之為個人議題。情緒切割是我的個人經歷，也存在於我的世代。只要人與人之間保持良好互動，我就是在精進之路上。

- 聚焦式的擔憂，對任何人都無助益，尤其是對下一代。

- 對於我自身和原生家庭的有效目標，就是聚焦在自我的行為。

- 我不會去改變他們。在我們的關係中，我只需做好我的部分。冷靜、輕鬆、有趣和隨時伸出援手，比緊張、擔心、和疏遠來的好。

- 是誰主動聯絡並不重要，重要的是關係的建立。

- 透過「視框」讓我們看得不同，但是行動讓我們創造改變。

這些原則大大地幫助了我和成年的孩子，無論在成功、失敗、疏遠或親近時，都能夠建立關係。

對未來的提問

許多問題仍存在：

- 每個人都在想爸爸還剩多少時日。他的身體不好，自從弟弟死之後，更是每況愈下。

- 家庭中的每個人會如何受此影響？

- 我是否可以成為家中的「資源」？什麼是資源？對誰？如何做？

- 弟弟和女孩們的死，如何讓家庭更加地自我分化？
- 死亡是否造成情緒震撼波動？
- 家庭之中是否有人可以進行自我分化的工作，避開或消化情緒震盪？
- 我該如何更好地與後輩相處？

當然，大多數的問題仍會懸兒未解。對於我來說，主要的問題是如何在如此的喪親之痛中，增進些許的自我分化。

觀察

藉由觀察家庭情緒歷程，將之攤開來看，並透過理論來觀察所發生的事，可以幫助我學習到很多。透過觀察，讓一個人有機會展現一些不同模式的回應，而且理解到他人的模式是他自個兒的事，並不會認為這與自己有關，這就是自我分化的工作。一旦能看見自己高度的焦慮，就為分化的工作讓出許多空間。

思考、計劃、與演練

對習慣於情緒切割的人來說，和原生家庭中反應最強烈的成員維持接觸，是最好的工作。不接受他們的情緒，也不與他們疏遠，認為自己是資源，而非採取不理性的遠離，對我來說，這就是改變的機會。停下來思考是一種基於理論的工作，在思考過程中，想想自己過往的反應模式，建立更好的聯繫，讓理論引導溝通，為關係負更多的責任，這些努力就是自我分

化。它需要持續的計劃和演練，使自己在高度焦慮時，能夠和他人以最佳的狀態互動。

行動

　　基於這樣的觀察與思考，我開始計劃著當我在家庭時，無論何時何地，皆需更多的思考，讓理論和靈性資源來引導，並且減少情緒化反應。這亦是改變過往行為模式的起點，同時，這也意味著，為了不忽略已經建立的關係，許多的旅行、電話和電子郵件都是過去及未來必須持續的工作。

　　我的後續人生都會持續這樣的努力，舉例來說，持續地與臨近的家庭成員聚會，會是我持續不斷的重要工作。

獲得的回饋

　　家庭中的其他成員，持續地表達對我的信任感，這對我來說，就像是我所做過的努力，獲得回報。

- 我被家庭成員們詢問過很多次關於醫學方面的建議。這在過去不曾有過，甚至有時候我還會懷疑，因為過去幾年並未發生這樣的狀況。
- 我重複過去舊有模式時，變得較不緊張，花費的時間較少。當我在關係之中受傷時，這仍舊保護著我（就如同過去一般），但只能作用一小段時間。衝突之後，幾乎是立即而主動地接觸對方。我注意到其他的家庭成員，

也很願意在衝突之後建立關係。

· 我已經能夠對孩子們，開放地表達自己的指導原則。

· 我反思我的家庭，相信有跡象顯示我習慣的情緒切割已經改變。雖然保持距離者，往往會理想化每一個人，但這並不等同於情緒切割。我認為情緒切割的人，並不會考量到他人的情緒切割。

這些在家庭中對於自身的工作，是否有改善我在組織之中的功能表現？有的，透過各種方式，我的功能表現有所改善。在組織中，我能夠重複在家庭中相同的自我工作，並因此滋養了我所負責領導的組織。

回首來時，許多跡象顯示，我的生活已跟過往截然不同。對我而言，透過這些跡象，我得到了覺察與體悟。

我的家庭

自從我開始在家庭之中進行自我分化的工作，我觀察到我家庭中的許多改變：

· 每個人更愛彼此。提出邀請，並共同完成一件事的情況，變得更頻繁。

· 有趣的是，大家對於靈性變得更有興趣。我並不確定這是否與我在家庭系統中的自我工作有關，這僅僅是個觀察。[4]

· 我先生變得較少和原生家庭中的重要他人情緒切割，而

---

[4] 其他成員也表示，那些年當中，有和我同樣的觀察。

是更頻繁地接觸，展現對所有家庭成員更多的興趣，他的原生家庭變得更凝聚。

・年輕的成員更頻繁地與我接觸。

對我而言，唯有保持在適當程度的自我分化的工作上，才會展現這些意義：

・關係變得更好、更緊密
・較少的情緒反應
・更多的深思熟慮

關係變得更好、更緊密

當我停止與原生家庭的情緒切割，我的付出也使我和家庭中的每一個人有更多的接觸。有些關係雖充滿著挑戰，但也讓我理解到自己對於關係的焦慮反應，以及行為模式是如何被傳承到下一個世代，而有些關係則顯得輕鬆及接納。總之，保持和家人更好地接觸，給我一種在我開始進行個人工作以前，未曾有過的平靜。種種證據顯示，我的改變使得家人更想與我接觸，知道我在想什麼，以及期待能更常待在一起。

當然，這樣的工作很艱辛，也面臨過失敗，但我堅信，學習是長期改變的歷程，也就是讓大腦的神經有不同的連結迴路，就像其他的學習一樣，當神經產生連結，其他的關係也將變得更容易。

同事與工作關係變得更融洽，和過去未能建立關係但感到

興趣的人，開始能夠相處。

友誼變得更加容易，伴隨著更少的脫序演出和戲劇化行為，彼此變得更加珍惜而真誠。

較少的情緒反應

在精細的細胞層次，我仍可以列出許多的情緒化反應，但對於關係的反應，則是另一個層次。更少的情緒反應，使我能夠不將事情個人化，不過度詮釋事物，並依據指導原則來展現關係中的思考、語言與行為。Bowen理論提供珍貴的思考羅盤，帶領個人脫離潛在既存的反應模式。

當一個人較不焦慮時，將有更多的可能性，可以避開關係中的災難，甚至是生理上的疾病和情緒壓力。

更多的深思熟慮

永遠牢記，落實深思熟慮的原則，將會全然地改變生活。系統思考為我拓展了新的道路，讓我跳脫原本對於自我和原生家庭的認識，更好地理解他人和他人所屬的原生家庭。透過Bowen理論認識自我與他人，讓我有能力去思考，在關係之中發生了什麼事，因此也降低了更多潛在的情緒反應。

當焦慮時，三思而後言，對於關係會有神奇的影響。

開始一個深思熟慮且審慎規劃的人生課題，可以開啟未來的無限可能。

我的系統

　　我的家庭和朋友們，都變得更加地有趣和豐富。他們對於我來說，就像是資源，也同時享受關係。當我涉入焦慮的系統時，我選擇自己在焦慮之中保有自我，而非輕易地隨之起舞。對於三角關係的認識，幫助我意識到什麼時候該做些什麼事，以及如何去做。

　　當我開始做一些努力，系統中一個或數個人會因此有情緒反應。知道這樣的狀況必然會發生，反倒是讓自己更加安定，並且讓自己持續在努力的道路上，進而發展出更多自我。

　　最令人滿意的是，當我持續進行個人的工作時，系統自身是如何運作的更好。隨著時間流逝，系統中其他人的功能也都會有所提升，並在相處之中表現得更加負責。

更豐富與建設性的生活

　　總而言之，自我分化可以讓自己與更高分化、更多有趣的人形成更好的關係，對他人有較少的情緒反應，在生活與關係中更深思熟慮，同時使用理論與指導原則來引導自己的人生──終將發現自己的人生早已不同以往。

　　我已經在他人的生活中，看到同樣美好的影響，也在別人口中聽到無數次同樣的說法。

　　我能夠優先處理我的意願，挑選重要的計劃，捨棄其他

吸引人的選項，我能將能量聚焦在最有效率的地方。然而，這種選擇並非一成不變，例如家庭成員遭遇疾病或悲傷事件，事情的優先順序將會重新排列一段時間，換句話說，當被迫變動時，總有更多的彈性和適應性。

看著分化工作之前與之後的生活品質，簡直無法相比，一切變得如此有趣，太多值得我讚美的事情，生命的廣度變得如此豐富、有創意和有意義。

總結來說，以上所討論的個人經驗，只呈現出一些我如何看待那些年我在原生家庭中的自我分化及許多其他經驗。但這些經驗的描述，都是為了說明家庭系統理論的原則，以及它如何幫助個人在家庭或組織中，進行自我分化的工作。

想一想

在夫家和娘家中，為了建立堅固自我，我開始進行自我分化的工作，起始於重新銜接過去已經切割的關係，接著，花費數年的努力去維持這些關係。自我分化的提升，受到家庭成員的讚賞，他們對我表示感謝，此外，組織之中也有同樣的回饋。

真實生活的探究

1. 在這個生命故事中，自我分化如何走在最前面？
2. 「走在最前面」的意義是？

3. 在原生家庭中的自我分化，與組織中的高分化領導，在什麼情況下會是一樣的事情？

4. 思考在家庭處於情緒高張力時，發揮什麼作用？指導原則的角色是什麼？

5. 自我分化為系統或是組織做了什麼？請說明？

6. 自我分化的工作，對於系統有什麼樣的影響？

chapter ⑩

社會退化中的高分化領導

　　事實顯示西方社會正處於一個快速變動的時代，而「危機」就是這樣發生的。許多專家表示我們的經濟、健保制度、政治、政府、宗教派別，甚至是中產階級，都處於危機中[1]！顯然地，西方社會有嚴重衰退的危險。

　　孩子們不僅行為偏差，犯罪行為更以前所未有的速度增加。

　　未婚生子的未成年人數，已超出關懷團體所能負荷的程度[2]；美國的單親家庭比率，是所有工業化國家中最

---

[1] 資料源自"Socail Regression and the Clergy", in Review & Expositer, Summer 2005, Vol. 102 No 2, "Bowen family System Thoery in the Congretioanal Context.",經過授權使用。

[2] Gilbert, Roberta, Connecting With Our Children, John Wiley and Sons, New York, 1999, pp.13-14.

高的[3]；專家認為青少年自殺的問題日益嚴重[4]；再者，與其他工業化國家相比，美國學生使用非法藥物的比率（50%）居高不下[5]。

歐洲刑警組織的一名情報人員指出，組織性犯罪的發生速度已超過警方破案的速度，他更大膽預測，若再不做出改善，歐洲很快就會淪落到犯罪集團的掌控之中[6]。（有人認為他指的是，會像某些國家一樣，從經濟開始被控制，例如銀行被接管及諸如此類的狀況，財力來自毒品的大量營收，再進一步破壞法律和政治結構[7]。）

在「The Fourth Turning」書中，[8]作者說：「……當代世上發生的災難，其嚴重性已逼近一個人所能忍受的最大程度。」人類無所不用其極地「到處搞破壞，將資源消耗殆盡」，雖然大災難是有可能發生，但作者認為人類擁有頑強的生命力，不可能輕易滅絕。更有可能崩解的是科學、文化、政經和整個社會，「托因比文明和史班格勒的浮士德文化將邁向先知預言的終結。或者，下個災難將使現代文明倖存，卻使美國走入歷史。又或者，現代文明和美國都能逃過一劫，不是變得更好就

---

[3] 同上，第217頁。

[4] 同上，第14頁。

[5] 同上，第227頁。

[6] Schmid, K., "The Europol Perspective in Oeganized Crime," Mut Zur Ethik Conference, Feldkirch, Austria, November, 2001.

[7] Dougless, Joesph, "Organized Crime in 2004," Mut Zur Ethik seminar, January 2004與Jordan, David, Drug Politics, University of Oklahoma Press, 1994.

[8] Strauss, W., and Howe, N., The Fourth Turning: What the Cycles of History Tell Us About American's Next Rendezvous With Destiny Broadway Books, New York, 1997, p. 330.

是殘破不堪。」災難——也就是一連串的劇變——將對個體造成永久的影響,使個體不停進步或是長期的功能受損。這個現象也能推論到團體和組織[9]上,作者推測,在這即將到來的災難結束之後,我們的文明勢必有所不同。

社會退化的概念

在1960年代,Bowen就看到了社會衰退的徵兆,後來他在家庭理論中放入了一個關於社會的概念,也就是「社會退化」,之後被稱為「社會情緒歷程」,這個概念指出,社會蘊含諸多渴望和徵兆,自然而然地歷經一連串瓦解,並與其他瓦解的過程產生交互作用,而得到更好的整合[10]。

Bowen最初是在家庭中觀察到這個現象,當一個家庭長時間處在緊繃的壓力狀態,可能會面臨焦慮上升而導致的退化期。一切始於許多微小的徵兆,當徵兆出現時,人們可能會否認它的存在或意思一下去緩和徵狀——這是所謂的「OK繃(救急絆)」取向。最後,這些徵狀愈來愈嚴重且無可避免,在惡性循環下,加重了家庭的憂慮負擔[11]。

一旦長時間處於壓力狀態,社會和家庭的循環一樣,開始出現退化徵狀。當徵狀出現後,為了要解決隨之而來的問題,例如違法、毒癮、青少年偏差行為⋯⋯等等,通過愈來愈多治

---

[9]　同作者Bowen Murray先之前著作。
[10]　同上,第386頁以及其後。
[11]　同上,第386頁。

標不治本的法律與法庭判決。但是人為法律和判決的目的是為了解決更大的問題，當只有部分問題浮上檯面，法律也只能改善少數徵狀，可是仍有許多徵狀有待解決[12]。法律和相關判決並不能顯示潛在的壓力源和可能引發退化的原因為何，而這些救急辦法卻如同火上加油，卻在焦慮狀態下不斷擴增。

沒有人知道社會退化的循環和發展會持續多久，Bowen預估將持續六十年之久[13]。Strauss和Howe在「The Fourth Turning」書中說道，根據他們對歷史的研究發現，發展和衰退的社會循環週期為八十到一百年，同時，他們也警告由於武器大規模的破壞，當前的「遽變」可能是最後一次了，人類或許無法在這次逐漸增強且全面的戰爭中倖存[14]。

引發社會退化的原因

多年來系統思考者已找到許多促發焦慮的原因，而這些焦慮可能導致社會退化的發生，包括人口密度過高、資源和環境的耗損、經濟因素、巨大摧毀力的武器、道德淪喪、法蘭克福學派對社會的破壞、多世代現象以及助人專業者，還有許多其他的可能性。針對導致社會退化的可能因素，更完整的解決辦法詳見附錄五。

---

[12] 同上，第13章。

[13] Bowen, Murray, in lectures given at the Georgetown University Family Center（現為Bowen Center for the study of Family）over yaers。

[14] Strauss and Howe，同作者先前之著作。

如何避免墜入社會退化的深淵

　　人類走到了今日還有希望嗎？或者我們就像旅鼠跳下懸崖一般，注定要走向毀滅？如果有希望，又將落在何處？是否存在可行的對策？我們又要去何處尋找指引，來抵制破壞性過程？

　　如同過去一樣，下一次鋪天蓋地的改變，會來自人們對進展的每況愈下感到不耐，然後，一種高功能性的領導會為大家指出一個可以運作較好的方向，然而，在這過程中，唯有準備好的人能夠聆聽。

Bowen的理論觀點指出教會領袖的方向

　　Menniger（在他寫作時，仍未有Bowen家族系統理論；Bowen是Menniger中心首批精神科住院醫師之一）相信，陳述社會上的問題，最好由神職人員來扮演領頭羊，而其他各方面的專家也要參與其中。同時，我們所有人則應支持神職人員的重要角色，不管是牧師、神父或拉比，都應該合力分擔這個重責大任[15]。

　　作者相信當社會停擺時，不是只有神職人員，可能有來自任何領域的領導力。但神職人員持續學習的努力，讓梅寧哲的說法更顯貼切。

---

[15] 同上，第192-203頁。

當神職人員和其他專家試著幫助那些處於退化狀態的家庭，希望在這混亂的世界成為指引的曙光時，Bowen家族系統理論中的哪些原則最為適用？

家庭，如我們過去所述，為領導者提供了一個很棒的典範。一般來說，家長是核心家庭的領導者，他們主導家庭的情緒氣氛，也為其他家庭成員作出最有利的決定。愈清楚如何成為一個高運作功能的父母，就愈能夠在任何系統中將其轉換成高分化領導[16]，對婚姻伴侶與原生家庭之中的自我分化也同樣有幫助。

終止家庭中的退化

終止家庭退化的做法，在於父母之一對家庭所有成員做出清楚期許，使家庭跳脫退化歷程。其前提是「這個家庭可以更好」，以及「我立場」，也就是每個人基於原則，為自己的所在位置做出陳述。具關鍵性角色的父母，要詳細說明他們對家庭的更高期許，以及家庭成員對這個家的未來能有何期待。當成員的運作功能在短時間內有了名顯的進步，不久之後家庭的退化便會終止。[17]

---

[16] 如果一位領導者並無自己組成核心家庭，並不意為他無法理解父母式領導的典範。這依然有效，所有的人都有父母或是照顧者。許多父母並不知道該如何成為高層次父母，而他們的教會、組織會形成如同自身家庭的情緒單位，也就是高層次的領導者會在家庭與社群中表現一志的典範。

[17] Bowen Murray，同作者先前之著作，第278至279頁。

終止社會退化

　　思考如何恰當地呼籲大眾關於社會退化的議題，是否為領導力的一環？沒有人能明確知道，做些什麼可以終止社會退化，或者，究竟可不可行。雖然將家庭與社會做類比，並不是最好的方法，但是，高分化的領導在社會退化中，似有其舉足輕重的影響，對家庭與組織亦是如此。在第八章中可以找到很好的例子。

　　對神職人員及其他長期擔任社會的領導角色者，Bowen理論的某些原則有其助益，摘要如下：

1. 高分化和低分化的領導有所差別，自我分化量尺清楚地對比了其中差異。

2. 高分化領導建立在領導者的情緒成熟度上，領導者了解情緒系統的特質，做好自身的情緒管理。

3. 低分化領導受到情緒反應、操控技巧或其他情緒性的——或基於關係的——模式和安排所限制。

4. 對正處運作功能退化期的領導者而言，「自我分化量尺」的觀念特別有用。特別有用。

5. 無論如何地「失功能」，與其將焦點放在團體，不如放在個人的信念與功能運作上。這會幫助個人避免捲入不成熟的情緒，並且展現出一種不同於直覺或「感覺」導向之自我管理模式。

6. 經過深思熟慮的信念或指導原則，是一個成熟或「分化」的自我之指導原則，這也是Bowen所界定之高分化

領導者的核心特質。

7. 因為領導關係（如同父母）中為解決的焦慮，可能散布給整個群體，所以領導者在聚會中各自執行其領導關係，這對整個團體的情緒基調至關重要。

8. 焦慮程度在任何時候，都是團體運作功能的界定要素，焦慮程度和運作能力成反比。

9. 領導者能夠管理自己的焦慮，並且和所屬團體及所領導的部門，保持一種冷靜的連繫，無論團體正處於執行任務的前進狀態、倒退或停滯狀態，都會為團體帶來極大的不同。這可說是一種基於原則所採取的「我立場」。

10. 在核心家庭及延伸的其他家庭團體中，處理自己之不成熟與情緒模式的領導者，會發現他們在群體、教會和組織中的領導能力亦逐步成長。

在生命中實踐並且運用Bowen理論之概念的領導者會發現，這些原則不僅對他們本身有所助益，也對團體有極大的正面效益。當領導者愈不受到團體焦慮與情緒的牽連，其領導關係就愈和諧、運作得愈好，團體的焦慮感也會逐漸下降。當這情況發生，各種關係將會全面性地改善，此時，團體就更能將能量聚焦在達成團體任務上。

退化不僅影響整個社會，也影響社會的各群體。當社會中的焦慮逐漸升高，不只感染群體的成員，也使他們面臨的挑戰加劇。例如，青少年得面臨毒癮、厭食症、未成年性交以及未婚懷孕等，在這種情況下，相較於一個平靜並且有良好規範的社會，要成為成熟的青少年或家長是很困難的。

「我立場」

領導者審慎思考他們的立場後，當他們對狀況愈瞭若指掌，就愈容易照著自己立場行動。最佳領導者的基本自我（最好、最成熟、高自我分化的那部分）能成為與退化抗衡的力量，每個人都有能力採取「我立場」，並且聲明：「這是我的信念，我的立場，請拭目以待。」如同有高運作功能的家長，在理解家庭退化的狀況後，能採取有原則的立場。是以，一個群體之有功能的領導者也能夠如此，並且這適用於任何議題之上。

變回來

對自我界定可能引發家庭的短期反應，同樣地，當個人在社會中採取相同的立場，有些反應也是可以預期的。人們會在一種可預測的模式下，做出反應，通常會有下列三個步驟：

- 他們會說有人以某種形式傷害或迫害他們；
- 接著要求領導者「變回來」原本的運作方式（較少自我、更多和團體的融合），還有；
- 否則，第三步可預期的行動，通常包含某種程度的威脅與恫嚇，歷史上的高分化領導者都勇於面對挑戰。

Bowen理論進一步預測，若領導者能堅持不懈、不反擊、不退縮、與重要成員保持聯繫，這些反應就會逐漸消失。此時團體的運作功能就會更加順利。

多數領導者認同的基本原則，是付出時間與心力確認的領導原則，並依此行動，而這也就是造成不同運作功能之領導的重要關鍵，也是個人或團體有不同展現的影響要素。同時，這也造就這類領導與不成熟的且情緒反應的領導的差異，低運作功能的領導者可能會事必躬親、過度管理（高功能的位置）或效率不彰（低功能的位置）。

包括神職人員在內，在焦躁不安的環境中，一個人並無法作任何有效的思考。在退化期間，若讓自己處於團體的焦慮情緒中，很可能導致效能低落、自我耗竭或其他負面情況。

訓練有素的高分化神職人員，當團體情緒失控時，比較容易保持冷靜的思考。換句話說，即使只有一個人專注在議題上，與團體保持良好接觸，仍能使團體的情緒趨於穩定。

挑戰中的轉機

社會的焦慮狀態，就像家庭的焦慮狀態一樣，是提升領導之運作功能的重要轉機。控制與管理焦慮情緒，使個體的思路更清晰，腦部活動抑制情緒反應，清晰的邏輯思考能幫助個體安撫焦慮的大腦、身體，因此個體能將其視為轉機。不受到團體焦慮的影響，保持理性與專注、依循原則，在艱難時刻，個體仍有機會作出正面的貢獻。

領導能為焦慮的社會帶來改變嗎？沒有人能確定領導能否影響社會退化，但在歷史中的例子證明，確實是有可能的，衛斯理、馬瑟和亞當斯便是如此。

在退化的階段，高運作功能的領導能做出改變嗎？或許它才是唯一可行之道。

具體而言，牧者的領導能帶來改變嗎？答案是可能的。牧者透過會眾與當地團體的力量，能對退化的社會造成某種程度的直接影響。作者同意Menninger醫生的說法，牧師必須立即採取行動。「要怎麼做呢？」他問：「傳道！就像傳道那樣。從講壇上出發，從屋頂上呼求，我們要為了甚麼呼求呢？為了舒適、悔改及希望。承認我們是這個世界之罪過的一部分，是我們唯一的希望。」[18]他提到的罪有飢餓、貧窮和戰爭。

任何在領導位置的個人，與牧者一樣，都有潛力去創造改變，例如探究事實、理性的邏輯思考以及決定將個人的特殊才能發揮最大影響。天生我材必有用，每個人都有機會在特定領域與社群，發揮不同的才能和智識。

組織亦是如此，能決定其信念並運用與實踐它，對社會做出最有利的影響。組織通常能完成一個人無法獨自完成的事情，處在一個混亂和迫切需要改變的社會中，高分化領導在組織中嘗試做出改變時，扮演極重要的角色，沒有這種高分化領導，他們很可能失敗。

想一想

事實顯示西方社會正處於一個快速變動的時代，甚至是危機之中。這種情況有很多種歸因。

18　Menninger, Karl，同作者先前之著作，第224頁。

從一個寬廣地面向來描繪社會退化，是Bowen家庭系統理論的概念之一。這個理論也提供許多方式，尤其是處於焦慮攀升之際，讓領導者思考社會退化與他們的功能運作之間的關係。

理解Bowen理論，對神職人員和領導者是很重要的，因為它闡述了建立在原則上的高分化領導，也闡明了「我立場」能夠激勵團體，甚至是整個社會，發揮其應有功能。

實際生活的探索

1. 何謂「社會退化」？
2. 社會退化的證據有哪些？
3. 社會退化有影響到你嗎？如何影響你？
4. 社會退化有影響到你的家庭嗎？如何影響？
5. 社會退化的現象只發生在我們這個世代嗎？請做討論。
6. 請描述一個家庭如何從社會退化中復甦的過程。
7. 何謂「我立場」？
8. 請從歷史中找到「我立場」的例子。
9. 現代社會中有「我立場」的案例嗎？
10. 針對當代社會議題，經過思索後你是否願意採取一個「我立場」？你是否會認為這是個分化動作？

第五部分
Bowen理論的研究

「很多早期的家庭研究未曾被了解或報導，但是，
這些家庭研究卻能提供一個全新且完整觀察系統的制
度。……建構一個計劃，是用以去發現最大量的新線
索。」

chapter

11

銜接六十五年的情緒切割

凱瑟琳・寇特・柯雷[1、2]

（Kathleen Catter Cauley）

　　我的曾曾祖父派屈克・寇特在1833年出生於愛爾蘭的英吉奇拉，許多姓寇特的家族都住在這個小村莊。派屈克與曾曾祖母瑪莉拉瑞成婚並育有七個孩子，他們的大兒子，以派屈克命名，派屈克二世，於1871年誕

---

[1] 為了方便讀者閱讀，本章中的所有英文名稱接直接翻譯成中文，同時，也增加每個人名與作者之間的稱謂，以利讀者了解他們之間的關係。

[2] 凱瑟琳・寇特・柯雷，碩士，婚姻與家庭治療師，是非凡領導研習營的教師，並且在維吉尼亞州的Falls Church執行。凱瑟琳在賓州匹茲堡市的西賓州家庭中心完成研究所後的訓練，同時，她是佛州家庭研究網路的創始會員之一，並且她多年來也是導盲犬協會的義工。

Cotter Family Diagram

生，他後來移民美國並定居芝加哥。

　　派屈克‧寇特二世是我的曾祖父，他娶艾倫費茲傑羅為妻，在1893年有了第一個孩子，也就是我的祖父——威廉‧寇特。隔年曾祖父派屈克二世因為擔任警職，在值勤時不幸身亡，得年23歲，留下他孤零零的妻子艾倫和年僅一歲的兒子威廉。1899年，祖父威廉被留在印第安納州南本德聖母大學裡的男子學校，從中學到法學院的求學階段，他一直待在聖母區。那個時候只要在課業之餘研讀法條就能得到法律學位，我的祖父當時也是這麼做。他的母親艾倫則一直在芝加哥的監獄裡擔任護士長，她在1907年去世，當時祖父威廉只有14歲，他繼續受天主教的傳教士和修女撫養，而他們就是他的家人。

　　他待在聖母大學的最後一年擔任了體育長一職，完成學業後校方支付他薪水處理商務，並派他去芝加哥擔任聖母大學的代表。1915年他調派到紐約，依照上級指示在那裏成立了聖母區的聚會，並負責管理。

　　1916年，我的祖父與祖母伊娃絲塔布萊迪在賓州匹茲堡的聖心天主教堂結為連理，祖母在家中九個孩子排行第七。他們在大學相遇時，她當時仍是聖瑪麗學院的學生，而聖瑪麗學院舊未於聖母大學的對面。婚後他們定居紐約。

　　來往的書信顯示威廉與伊娃絲塔在有生之年一直與聖母院的神父和修女保持聯繫，祖母伊娃絲塔也與匹茲堡的家人保持聯繫。自從曾祖父母去世後，祖父威廉視祖母伊娃絲塔的家人為自己的家人。但在婚禮過後沒多久，祖父就收到一張來自岳母——瑪莉布萊迪的便籤，她詢問祖父是否有預期要支持她女

兒過「已經習慣的生活樣貌」，這促使他必須找到另一份工作來養家，原本在天主教堂的那份薪水已不足以花用。威廉後來在紐約的某家企業擔任律師，但是他仍與聖母院有聯繫。

威廉夫婦育有二女一男，其中威廉二世（比爾）就是我的父親。他們在紐約的新羅謝爾把子女撫養長大，雖然外祖父母不在身邊，祖母伊娃絲塔的姊姊——凱蒂凱利和其丈夫艾伯特以及五名子女都住在紐約的弗勒斯山丘，這兩家的表親相當親近，而凱利的兒子丹尼爾布萊迪凱利和伯特凱利與我父親比爾都加入了聖母院。

死亡與沉默

我父親的表兄，丹尼爾布萊迪凱利，在二戰時擔任飛行員，他在執行任務時不幸喪命，遺體始終沒有被找到。整個家族從來沒有討論過死忘帶來的情緒，而表舅他的死亡對我父親造成了很大的打擊，最後以他的名字——丹尼爾布萊迪凱利（丹）為兒子命名。父親比爾曾於二戰時在太平洋擔任海軍，任務結束後，他很多同期戰袍遭遇船難而喪生，而這也被帶進「記憶空洞」，我逐漸了解到這在世代的傳承下已經變成家族的特徵。以祖母伊娃絲塔為例，有一次在開車時目睹了某個小孩從她的車前跑過而出車禍死亡，她的處理方式就是再也不開車，也不討論此事。

我的祖父母也保守著許多秘密，例如我的祖父——威廉，當他因為糖尿病必須就診時，總是用假名看病。祖母有食道

癌，但是她不會跟人討論病情細節，她在1962年的夏天去法國的盧爾德照顧病患，回來之後病情便加重了。只有在壓力下，她才同意就醫治療，同年九月她便去世了。

「41」之爭

我父親與其表兄弟伯特凱利在兩個緊密的家族中一起長大，1941年從聖母院的大學畢業，兩人的父母都出席了畢業典禮。由於伯特的父親——艾伯特已經去世六年，他的母親——凱蒂，與父親威廉、祖母伊娃絲塔一同去南本德旅行。他們回到紐約之後，出現了明顯的爭執。其中一個說法是凱蒂覺得自己在畢典的慶祝活動中沒有受到重視，另一個說法是凱蒂向妹妹伊娃絲塔借了一千元美金，伊娃絲塔跟她們的母親說姐姐並未償還這筆錢。無論事情的真相是甚麼，我的祖母伊娃絲塔和姊姊凱蒂再也沒說過話了。這個事情被稱為「1941之爭」。祖母伊娃絲塔和她的姊姊凱蒂分別在1962年、1974年去世，然而，舅舅伯特凱利（凱蒂的兒子）和我父親（伊娃絲塔的兒子）一直都很親密。

三角關係的轉移

我的外曾祖母，瑪莉‧康納‧布萊迪，也就是伊娃絲塔和凱蒂的母親。我父親對她的記憶如下：「她有條不紊、不可一世、又有口才，無疑地是掌管布萊迪一家大小的不二人選。」

她總是坐在布萊迪家餐桌的首位，位居一家之主（我的確是指一家之主）。外曾祖母瑪莉康納布萊迪於1934年去世，隔年她的女兒娜爾布萊迪（伊娃絲塔和凱蒂的長姐）和艾伯特凱利（凱蒂的丈夫）也去世了，那時我的曾祖父威廉寇特出面協助整個凱利家族。

這對全家族的人來說都是艱難的時刻，面對三位親人的永別，以及在那之後三角關係的轉換。我的腦海浮現許多問題，是甚麼樣的三角關係進行轉換了呢？當祖父對凱利一家伸出援手時，祖母她是否為一個局外人呢？1934年瑪麗布萊迪之死，到1941之爭這中間的七年，怨恨是否在期間產生？我的父親如何處理這些壓力？他忽略它嗎？在情緒上，他是如何處理這些經驗的呢？在人們發生爭執的時候，他很有可能感覺不愉快，他自動化的疏離模式就會說：「這真是夠了！」在這些至親的關係中，我們這些他的小孩都會同意，我們都必須花很多年的時間，學習在重要關係中去面對衝突的容忍和批評。

我父母親的故事

父親比爾·寇特在1943年娶了我母親，瑪莉·歐康納。他們就像他父母一樣，早在他們仍是聖母院與聖瑪麗學院的學生時就認識了，他們在北明尼蘇達州定居。這個核心家庭與在紐約的祖父母以及在密爾瓦基的外婆（外公在1941年去世了）形成地理上巨大的疏離，雖然他們與家人關係緊密，這段距離仍限制了會面的次數。我父母親的第一個孩子於1944年出生，

兩次的流產後，三個小孩接連出世。他們在明尼蘇達州的杜魯斯待到1964年，直到父親調任，與美國鋼鐵工業一同遷到匹茲堡。

1966年，他們的兒子，我的哥哥比爾（威廉三世）死於一場車禍，就在他要進入聖母院大學就讀的前幾周。他去世的那晚，我母親陪伴父親到殯儀館確認遺體，父親以為這樣是對她最好的方式，彷彿這樣就能記住他在世的模樣。五個孩子之中年紀最小的瑪莉，通常很能適應家中的各種情況，但這次卻不一樣，她顯得退縮。我一直在想，若沒有生命夥伴的陪伴，我父親是否頂得住這次的衝擊，家人沒有機會好好道別，而醒來時卻發現多了個棺材與喪禮必須面對。

這件事在我父母的婚姻關係中，產生了一段時間的情緒疏離。父親無論如何都沒辦法談論哥哥的死，但是母親卻有談這件事的需要（母親的姊妹在多年後告訴我的）。

1968年，在哥哥去世兩年後，母親被診斷出大腸癌，她在隔年的十月便離開人世。和平常一樣，家人用情緒疏離和沉默來處理悲痛。這些事件是家族未來情緒的核心，然而這些事以及它們的影響卻被埋藏了。這樣的情況一直潛藏直到1980年代，我開始詢問家人這些死亡帶給他們的影響，特別是母親罹癌一事，是否造成了沉默及其他情緒壓力。

父親在母親去世後七年再婚，由於他成為煤炭公司的最高執行長，他與再婚妻子瑪麗・珍妮特在1978年從匹茲堡遷居到肯塔基的列克星頓，退休之後，他們每年冬天都在佛羅里達避寒。

我相信對父親與繼母來說，遠離讓他們對成年孩子和孫子等近親的義務關係，讓生活容易許多。有了地理上的距離，父親就更不需要在家族中界定他自己的位置。

　　我與丈夫麥克，在1985年搬到佛羅里達的坦帕。對我丈夫這個聯邦檢察官來說，這是職涯的調動，但是，對我而言，卻是一個很機會，讓自己可以拉近跟父親、他的姊妹們、舅舅伯特凱利以及所有住在佛羅里達的親戚之間的地理距離。我一直很好奇，為甚麼像我父親與他的姊妹們，都是非常熱愛當父母的人，卻在成為祖父母之後，住得離我們這麼遠。

拉近情緒疏離

　　1985年到2002年這段期間，我和麥克都住在佛羅里達，後期我和父親以及他的兩個姊妹頻繁接觸。許多的家族故事、事實與秘密都收集起來，我將這些筆記都寫在日記裡。我的計畫是在長輩去世之前，持續和父親建立關係，與姑姑們建立個人連繫。在這些重要的人際關係中，我得和他們住得更近，做個人接觸，以拉近地理上與情緒上的疏離。父親與他的姐姐艾薇凱恩於1999年相繼去世，父親的妹妹瑪麗米勒德於2002年去世。在父親去世之前，他曾對我說，我是家族的「核心維繫者」，我把這當作父親對於我的著作的一種重視及感謝。

　　這些「佛羅里達」人際關係中，最重要的一環就是跟舅舅伯特凱利的關係，他住在坦帕南端一小時路程的威尼斯。當我搬到那裏時，舅舅伯特六十歲。多年以來他一直是家族情緒系

統的資訊來源，儘管他們的母親之間，在多年以前彼此切割，舅舅伯特與我的父親在聖母區一直保有良好的聯繫，舉凡假日、休假及各種家族聚會都沒有缺席過。1999年，父親去世時他們都八十歲了，在他們的母親彼此不說話之後，卻保持了五十年的深厚情誼。

我常常反思，若我沒有搬去佛羅里達，家族之中將有多少代溝。如果這些年來我沒有以成人角色去了解父親、他的姊妹以及舅舅伯特凱利，我也很難以核心維繫者的身分去運作。我將家族世世代代存在的資訊給結合起來，包括酒癮問題、金錢、健康狀況、地理搬遷、恐懼與情緒模式，我相信這要歸功於我決定變得勇敢，以及更坦然地面對人生。

誰出現徵兆？

糖尿病、克隆氏症、葛瑞夫茲氏病的症狀，陸續出現在我這一代的家族成員身上，我好奇這些症狀與世代的關係歷程是否有關聯。多年來我的身體健康，我想這也許和投入Bowen理論有關，或者，只因我位於一個比較幸運的功能性位置。情緒強烈地聚焦於小孩，與症狀的產生可能有關，而位於核心家庭手足的中間位置，或許讓我成為焦點的機會減少許多。

返回北部

我和麥克在2002年離開佛羅里達，而在佛羅里達的那些

年，我成為重要人際關係的窗口。如同我在臨床實習上觀察到的一樣，我家族中的家長與孩子之間，相隔極大的地理距離，正因與我的手足、繼女、孫子們住得更近，才能證實這項觀察，而我的丈夫也希望能與他的家人住得更近。為了不讓過去十七年的努力白費，我與自己在佛羅里達時期的個人和職業上的人際關係，保持每年三次的聯繫。

從2002年搬到華盛頓特區之後，手足、姪子、姪女都和我保持固定的聯繫，探訪的時間愈短，我愈不那麼焦慮。我想那是因為我和家族的許多人關係太親密了。家族擴張的同時，複雜的三角關係張力就浮現了，但是，我看到成員更多自然而直接的互動，我也發現自己處理衝突的能力提升了。這個能力就是在所有的關係中，我都要試著鼓起勇氣說出自己真正的想法。很顯然地，自我管理、自我分化上的努力以及在重要時機現身並維持聯繫，全都混在一起發酵了。我驚訝於自己花了這麼多年的時間才看清疏離對我和他人的重要性，我懷疑若沒有Bowen理論的基礎，這一切都將不可能發生。

與舅舅伯特道別

2006年九月，當我到佛羅里達出差時，注意到自己一直有拜訪舅舅伯特・凱利的渴望。雖然他已經87歲了，我們的關係一直良好，卻也超過一年沒見面了，抵達時我才知道在八月二十日他心臟病發作，但是他拒絕了手術治療，反而選擇居家調養和護理。那是一個美好的晴天，我們坐在他的公寓裡眺望

墨西哥灣，一邊敘舊，並回味我們二十一年的友誼。我們分享著那些一講再講的家族故事、家人是何等重要、以及他在老年時當別人長輩的經驗。當時，雖然不知道他甚麼時候會離開人世，如果他在我們下次見面前就離世，我要他答應我與天堂的家人們問好，他笑著說好，我們就道別了，隨即我驅車回坦帕，而舅舅伯特凱利就在兩天後去世。

那一周我都在佛羅里達，因此我留下來等喪禮舉行。喪禮上有七個姪子女出席，他妻子的姐妹及其女兒也都參加了，人們遠道而來參加舅舅伯特的喪禮，因為他在生前與他們擁有深厚的情誼。雖然我從未見過他手足的孩子，但是，這許多年來我卻聽他講述他們無數遍了。這是一場值得紀念的聚會，我思考著我與舅舅伯特的關係，對我這些姪子女們的影響。我回到旅館後，畫出一張家庭圖幫助我釐清問題，這讓我想起「1941之爭」。我最終意會到，這是凱蒂 布萊迪凱利和伊娃絲塔布萊迪寇特的子孫們的第一次會面祖母與她，姊姊四十五年前發生的一場嚴重爭執，一直到今天的喪禮才有了團聚。

再一次地，我充滿了困惑，是甚麼驅使我在2006年九月的那天，執意要見到伯特？是平時無法組織的家族成員網絡嗎？還是我已經學會要聽從內心的聲音並順從直覺？二十多年來伯特一直給予我很大的幫助，我在想是不是我最後一次的拜訪，給了他面對死亡的勇氣，或者，他的死亡只是他決定不接受手術的結果？

我一直以為舅舅伯特去世之後，這些家族故事就告一段落了。雖然我認識舅舅的親戚們，但我跟他們不熟，直到1974

年，我祖母伊娃絲塔過世12年後，他們才有機會認識他們的祖母凱蒂凱利。當我思考怎麼會錯過這個消息時，我又必須再一次面對情緒切割如何對周遭產生影響，新認識的親戚握有很多資訊，更多的故事浮現出來。我很後悔在舅舅伯特生前沒有把這些親戚聚集在一起——也許這是1941年之爭和切割帶來的另一個影響。

遠觀未來

　　許多家族成員都已聽過先前的家族故事，而我大部分的努力是為了抗衡家族的疏離模式。我對自己說：「他們都是些很好的人，但我或許不會再見到他們了。」這樣跟自己說，讓自己從舅舅伯特的喪禮返家後，變得輕鬆一些，然而，有Bowen理論作為我的指南和激勵的來源，在我腦海中的問題並不會散去，這是我多年來為了拉近情緒切割所付出的努力。當我向家族成員分享我的著作之後，我等著看他們如何反應，我擔心有些親戚會說：「她又這樣了，是她想太多了。」我也對某些親戚的沉默感到焦慮。我注意到自己的焦慮，我讓那些新出現的親戚感到不舒服，我想自我分化的意義不在於改變他人，但我卻被受此影響。後來我向舊有的家族成員和表親尋求回饋，我最喜歡的評論是艾薇阿姨的女兒們說的：「現在我們知道為何母親喜歡住在佛羅里達了。以前我們總會開玩笑說她比較喜歡『路過聖誕節』，因為她可以一路上慢慢拆禮物，這樣她就可以跟朋友們炫耀她有一群孝順的孩子，還可以省下跟我們討論人生

的時間和心力。」然而，幾個月來她與親戚的接觸變得頻繁。

　　我從伯特的妹妹凱那裏也聽到一些消息，她問我若她在我去某個小鎮度假時來拜訪我，會不會太唐突。那晚我做了個夢，夢裡包含了誰將與我會面、會面多久、誰是此次會面的決定者，她想見我的初衷，對我來說是意外的驚喜，因為我身為核心聯繫者，一直以來都是我主動邀約。這個夢暗示了我，對於這些次要表親在我生命中的位置，我有些興奮和期待，畢竟我已經有很多親戚了，或許情緒切割還是有些優點的！

　　我收到了姨婆凱蒂凱利的女婿，八十八歲的喬治（他娶了凱蒂凱利的女兒，凱，伯特凱利的妹妹）寄來一封可愛的信。我在舅舅伯特的喪禮遇見他，並得知他是我父親在聖母大學的同班同學，他寫道：「親愛的凱瑟琳：謝謝你對凱蒂凱利以及伊娃絲塔寇特之間『切割』的詳細檢視。我相當欣賞且喜歡你的解釋，然而，我必須指出一個重大的疏忽和事實，也就是，這兩個爭執者都是很愛爾蘭式、易怒、頑固、非常自我、也不願意退讓和付出愛。願上帝寬恕他們的爭執，（同等地）祝福他們，就像我和你對待彼此般。祝 和樂，喬治。」

銜接自我內在的切割

　　一直以來我都以為，在自我分化工作上，我只有在家族疏離和切割上做努力，自從1980年我開始學習Bowen理論之後，我的研究就出現對於家族更深層的思考、計畫和實踐。

　　最初在自我分化上的付出，是為了建立與父親、姊姊蒂

人生與領導的基石概念

德、弟弟丹之間，更為不一樣和私人的接觸。我從哥哥與母親的死亡切入，與他們談論這些事件帶來的情緒影響，我相信強烈的家庭情緒歷程早已潛入檯面底下，卻又在這幾年浮現在我與家人的關係之中。

當我提到死亡的議題，以及我們如何處理這些情緒時，有個強烈且可預測的「變回來」，若有人改變他（她）在家庭中的功能，那麼整個系統都會反對，我的情況也不例外。我聽過：「現在很好啊，妳用不著改變它」、「這會實現甚麼嗎」、「妳多心了」。那時候我根本不了解父親與他的表兄丹尼爾布萊迪凱利有多親近，我不知道父親在得知舅舅丹死掉（於二戰時不幸去世、連遺體都沒有被找到）時有多哀慟，但是當我在哥哥比利死後多年，偶然看到舅舅丹尼爾布萊迪凱利的相片，發現他們長得異常相似時，震驚得難以忘懷。

我也不知道祖母開車輾過一個小孩，造成他不幸身亡的事情，我只知道大家對哥哥突如其來的死避而不談，以及在那之後很多關係的轉移，對我們的生命影響甚鉅。父親似乎在那時就學會了，在某些時候對情緒衝擊的事件保持緘默，然而，這樣的方式卻讓他與至親疏離。

我也知道，當我引導父母親去面對和討論死亡及其他議題時，自己的不舒服情緒。多年來我持續穩定的努力及付出，讓自己得以容忍在討論這些問題時的不舒服，而其他人也逐漸地開始跟我討論我拋出的問題，現在我和我的姊姊、弟弟，已經能與其他人在公開場合談論敏感的情緒話題。

當我處在一個情感疏離的位置時，我提高警覺並注意自己

的狀態，如果是我認為很重要的事情，我就會採取行動。其中一個例子就是2005年我與一個男子的頻繁接觸，因為我哥哥死於1966年時，他剛好就是那輛車的司機。這涵蓋了一些挑戰，打破相信已久的幻想，取得三十九年前意外的真相。這些接觸帶給我從未有過的理智上、生理上和情緒上的衝擊，這讓我佩服人們嘗試拉近情感疏離所花費的心力。

母親於1969年去世，這和哥哥的死非常不同。因為在她診斷出罹癌和辭世，間隔了十一個月，不像哥哥的死，那麼突如其來和令人震驚。在我升大二前的暑假，我陪伴母親並全心照顧她，她想和我談談她離死亡愈來愈近，我卻沒有辦法面對和回應，我對她的病情不是很了解，並告訴她將會「沒事」——事情發生時，標準寇特家庭的表達模式，但是當我看著她的情況逐漸惡化，內心想的卻不是這麼一回事。

母親即將離世，對我父親來說是難以接受的打擊，我們很少對話，我只是跟隨著他，對於當時可能正在發生的事情，我花了許多年的時間，才相信自己的觀察。這項學習是努力於自我分化的關鍵要素。

我與舅舅伯特凱利在他去世前兩天的會面，就是一個還原真相的實例。我看到他床邊放了一瓶乳液，便想到母親病時我幫她的腿搽上乳液的情景我對自己說：「拿起乳液吧，問問伯特是不是也想要搽乳液在腿上。」我對此覺得緊張，然而我還是這麼做了。我也想起，在母親去世前我從聖瑪麗學院返家回匹茲堡探望時，我從沒好好地跟她道別。我只對她說：「下禮拜我再回來看你。」便回學校了。在那之後兩天她便去世了。

當我坐在舅舅伯特凱利身邊時，我強迫我自己說：「伯特，我可能不能再見到你，因為我不再住在佛羅里達了。你可知道，你在我的生命中是何等重要。」他微笑地回應，說：「再說一次。」我們接著相互道別。對我而言，這樣的互動，表現了我的成長，在關係之中的關鍵時刻，開放地表達自我。

　　1999年，父親去世之前，我與他的最後對話，我告訴他，我已經向他表達了所有我想表達的事情。在他過世之後，我清楚地看見我與父親的融合，以及自己在父母親三角關係中的功能性位置。我也注意到，我的思緒已較少迴蕩在死去的哥哥和媽媽，父親相信，他死後就能夠和死去的家人一同住在天堂。這使我思考，在他臨死之前，他有多常想念在天上的家人們。經歷過這些年，我總是想著「不要讓父親失望、不要讓父親難過、不要讓父親痛苦。」這像是一扇窗，讓我看見了我的責任，也就是讓父親在天之靈能夠欣慰，如同父親在哥哥、母親死後，他所做的一般。進行和父親有關的自我分化時，我總是需要抑制自己敏感又害怕傷害父親的心情。

　　我的父親，比爾卡特，死於1999年8月18日。祖父威廉，死於1957年8月16日。我的哥哥比利，死於1966年8月20。伯特凱利死於2006年8月20，他生日前的一個月，我問伯特在這一周，是否會想起我父親，他說這是無庸置疑地。每年的這一周，往往勾起我強烈的情緒感受，而自己往往會努力地撲熄這樣的感受。

　　如同之前所提，1985年時我搬去佛羅里達，讓我更頻繁地和父親、繼母、安麗阿姨、瑪麗阿姨、和凱利表哥們有所往

來。在這些重要的關係中，湧現了很多關於我家人的豐富資訊，這段時間，就如同看見未來的窗櫺，我觀察到南方父母和成長於北方的孩子之間的矛盾。當我住在佛羅里達時，我常思索，我就如同那些追逐颶風的人們，在我這一世代的人凋零之前，不斷地追逐著家庭中如同颶風般的情緒切割。

回家到家人身邊：近在咫尺

2002年，我和先生搬回華盛頓特區，這個決定，除了顧及我們夫妻倆的專業發展，主要仍是為了在地理位置上，能夠和我的大家族更靠近。住在佛羅里達時，我承受著遠方家庭之病痛及死亡事件的焦慮，而且坐飛機仍然是昂貴且受限的交通方式。家族常常開玩笑說「凱瑟琳阿姨八月時就要知道訂她聖誕節的航班，才好配合我們的行程。」這也是某種詮釋，顯示我往往把事情想得太遠，現在，我只要開車就幾乎能夠拜訪家族中的所有成員，我的焦慮也隨之降低。對於我心中的不安來說，「鄰近」帶給了我平靜和看似完美的感覺。

鄰近的地理位置，讓我清晰地看見我自己的融合和家庭中的三角關係，如同一個家庭情緒歷程的廣角鏡。更多拜訪手足、侄子和姪女的機會，更多一對一關係的相處時間，更少的「不知再見何時」的焦慮，並且在重要時刻我和家人碰面時，不再感到那麼地焦慮。

當然，某方面來說，遠離家庭成員，過自己的人生會比較輕鬆寫意。但是，居住遠方，我和我先生就無法參與家庭中的

重大事件或聚會，當無法在最後一刻被邀請去吃披薩時，就更不存在關於連結性與獨立性的決定了。

　　居住在鄰近處，給予個人從家庭情緒歷程中，進行自我分化的珍貴機會。舉例來說，我得努力去界定自己關於哪些事是我做得到，而哪些是我做不到。

　　當他人的批評，讓自己感覺到壓力時，更是個好機會去降低自動化反應，做更多的反思，進而做出更精細的決策。團體經常會有「和我們在一起」的拉力，在我的家庭，允許每個人說「不」並且不需感到愧疚，然而，團體的傾向通常是一種內在動力。父親臨死前，我承接了「家族守護者」的神聖任務，我就決定盡可能地出現在家族之中。現在，我較少展現這樣的角色，並且理解到，有時不管對自己或他人，不插手反而比較好，我學習到，每個人都能靠自己找到解答，而不是經由我的幫助。

　　當我選擇追求我個人的生活與成就時，我覺察到我自己的情緒疏離，我總是監看著自己需要去討好他人的緊張。在我們住遠的那幾年，家人們認為這就是我們的相處方式，而我們也寧願情況不要改變。雖然這些都是隱微且未說的感受，而我內心也明白，團體生活使我緊張，我開始理解，使用距離當作藉口，降低原生家庭對於個人生活的影響有多方便。然而，通往自我分化的路徑，存在於家庭系統之中，而非逃離團體的個人內在。

家庭期許與真實生活

　　我相信在雙親逝世後，我觀察自身在家庭中功能性位置的能力增強了。我的位置受到父母期許的影響，像是要結婚生子或成為一個天主教修女，若選擇當修女也意味一生無子。當母親與哥哥去世後，家庭中存在的關係變少了，所有的事件、關係轉變與期許同時塑造我的功能性位置。

　　作為一個阿姨的好處，是我對於我侄子和姪女的重要性，就如同他們為我的生活所增加的豐富程度。我和我的手足、手足的伴侶以及其子女，已經養成固定互動的習慣，其間經常有深度的對話及意見的公開交流。年輕世代會好奇我哥哥（他們的叔叔或舅舅）、我媽媽（他們的祖母或外婆）以及在家庭歷史中的情緒事件，我將之視為一種權利和證據，證明我多年來耕耘於自我工作的努力，已成為下一代年輕人可以享用及使用的果實。

　　對於處在衝突時期的家庭，持續性的接觸是有幫助的。當我平靜時所培養的人際關係，可以幫助處於麻煩中的我，在不同的三角關係中，或情緒張力的高漲消退之間，我學到如何平穩自在地處理與他人的衝突。我從我身上觀察到了幾點：

1. 我可以快速地辨識，自己是如何與他人融合，產生三角關係。

2. 我會警惕自己專注於內容的習性。我必須提醒我自己，多關注情緒歷程勝過事情的內容，並且知道自己何時被

困在三角關係之中。

3. 我知道當任何兩個人處在緊張、疏離、或是固有模式時，管理好自我焦慮的重要性。覺察自己被制約的行為模式，和他人企圖用幽默或是好玩的方式，試圖讓事情「變得更好」的行為。我現在理解到，這些行為往往會使事情變得更糟，所以當別人這麼做的同時，我也試著不再重複同樣的行為。我開始理解到，不恰當的幽默是一種不成熟的表現。

4. 我能夠更好地為自己發聲，與別人更自在而直接地相處。或許，我會對兩個處於衝突之中的人說：「我想這或許值得我們去爭吵，但或許這會成為『2008年最嚴重的一次爭執』，下一世代的人，將會研究現在的我們到底是為了什麼而爭吵。」

5. 我也發現，即便我知道我不應該再涉入三角關係之中，但我仍然需要對抗我的自動化模式。情緒融合還是能夠輕易地使我不理智地思考，雖然我不再那麼害怕衝突，但我還有一段遙遠的路要走。

6. 即使我認為我已經有很大的進步，我還是強烈地依賴著連結性力量。當我先生被娘家的人包圍時，總是會說：「我似乎進入了一個膠帶家庭，所有的人都黏成一個小圈圈。」

7. 我試著不要因為人們有爭執，就過度地為他們感到遺憾。

我父親去世之後，我認識到他的一生是如此害怕衝突。我的家庭對父親有很強烈的關注，當他去世時，某些固有模式也

陸續發酵。很多的模式在爸爸出生前就存在著，三角關係持續地延伸，也還有許多關係之中自我分化的工作要做。爸爸無法承擔高情緒張力的情境，也無法保有自己並且避免陷入別人的情緒困境中。我對他的尊敬，和我因為融合所產生的盲點，往往蒙蔽了我的觀察。我曾經更深入地認識我父親，在他去世之後，我認識得更多。

當我持續地進行自我分化的工作時，我思考父親在關係中的優勢與弱勢。他維持與所有人規律的接觸，包含核心家庭成員、延伸家庭成員、朋友、以及同事，大多數人深深地欣賞父親的為人，而他的弱點是在三角關係中保持疏離，這也是他的限制，尤其處於情緒高漲的家庭環境時。

對很多人而言，父親是一個「獨特」的人，而我也經常看到自己對「獨特」的需求，即使知道這樣很容易在團體中引發衝突。渴望被看見和成為焦點的需求是無意識且自動化的，我的目標，就是管理自我這部分的不成熟，也避免加入其他成員的不成熟行為。我已經知道，疏離、不確定、過度謹慎小心和渴望獨特的需求，只會造成更多的衝突。

從另一方面來看，疏離會增加慢性焦慮和影響決策。我了解疏離的運作機制，它會透過融合，傳遞給下一世代的人繼續使用。我的努力就是理解過去這些歷史故事，試著變成不一樣的領導者，因為除了自己，沒有人會是自我的指導原則。

對於慶祝的遲疑

2008年，我的姪子為了慶祝我哥哥結婚25週年，舉辦了一個驚喜派對。就情緒上來說，這是一個重要的生活事件，然而，我仍舊記得，1968年11月，處於癌症末期的媽媽在醫院裡，跟爸爸一同度過了25周年結婚紀念日，後來，媽媽在十一個月後死去。

我的兄弟姐妹也都和我一樣，擁有雙親早逝經驗的伴侶，我們都未曾看過父母長命百歲，享受擁有彼此的生活，我們的父母都沒有活到一起抱抱孫子的時候。或許，二十五結婚週年對於我們這個世代的人來說，恐懼多過於慶祝，透過這個派對，我的姪子姪女們，在不知情的狀況下，使我們從恐懼當中解放、自由。

有時候，我會成為我侄子姪女的第二個母親，也常常融入他們與父母的重要關係之中，我也很感謝我的手足能支持我進入他們的生活。我的願望是我能夠持續地展現好的自我，領導著家庭，將自我領導作為一種資產傳承下去，別無他者。

指點迷津的指導原則

以下這些信念，曾指引我進行我的工作：

• 與家庭成員建立親密之一對一的互動關係，是日常生活中的基礎。

- 在自在而輕鬆的對話及深刻的意義交流之間，維持平衡。
- 家庭聚會之前，刻意地與家庭成員保持電話聯繫。傾聽他們的想法、讓自己處於三角關係的溝通之中，這對於身處家庭事件中的自我分化工作，能提供較好的功能表現（更少疲倦的感覺！）。
- 縱然不方便，也要在家庭關鍵時刻中現身。
- 直至死亡之前，對自己在家庭之中的功能性位置，保持客觀。
- 從理解阿姨、叔叔、表兄弟姐妹中，我獲得顯著的情緒幫助，甚至，幫助我更好地展現身為一個阿姨的功能。
- 成為自己所能夠成為的最好自我，這符合我的專業、個人、家庭、與靈性信仰。
- 對於下一個世代的想法，保持好奇，他們將會是未來的主人翁。
- 持續性地進行自我分化工作，將對於家庭產生長久的影響。

chapter
(12)

邁向家庭中的責任

Kenton T. Derstine

　　我學習Bowen家庭系統理論已經數十年了，而這樣的學習如何影響我對事物的理解以及我的人生呢？這個章節將闡述這個問題以及Bowen理論對我的意義。

　　在我就讀神學院期間，初次接觸到Bowen理論、家庭圖和「家庭工作」，這些東西引起我的注意，因為他們提供了一個架構，讓我去思考困擾已久的基本人生議題，例如就讀神學院，如何證明我是基於自由意志而選擇回應上帝的召喚，而非出自家族的壓力呢？當時的我，並不知道Bowen理論將引領我到何方，也不知道理論的目的何在。

不只是理解，連應用的進度也很緩慢，進步似乎是一種偶然——神秘和優雅的結合。這趟旅程充滿了挫折卻也很值得，最重要的是它就像一個指標，指出我為了理解和實踐自我的核心承諾，所付出的努力——成為一名成熟的耶穌基督的使徒。

Bowen企圖歸納出一套人類行為的科學，他的目的是盡可能精確地描述人類行為。我發現他對人類行為的描述，對我發展自身行為的處方是極重要的來源——所謂自身行為的處方就是指導原則，讓我在履行信念時不斷反思。在過程中我小心翼翼，不輕易全然接受他的宣言和闡述，而是不斷地檢驗那些與我履行信念和生命經驗相互牴觸的理論原則。

自我分化：關係中的責任

Bowen自我分化量尺的概念，有多樣的細微變化，且這幾年來我對它的理解不斷演進。它能提供一些關於功能運作的描述。Bowen如此描述某個極為成熟的人：

「……有勇氣定義自我，享受自我，就如同沉浸於優渥的家庭環境，不狂怒也不武斷，花心力在改變自我，而非指使別人該怎麼做，理解且尊重他人多元化的觀點，因應團體而調整自己，且不被其他人的意見左右。」

我發現「什麼是比較好」的構想對於人生方向和目標很有幫助，而在所有概念以及每個特定行為能力的背後，都暗示了一個重要的想法，就是責任——關係中的責任。

透過自我分化——把這個片語當作動詞來使用——Bowen

提出邁向責任運作的歷程，雖然踏出的每一步對人生和所有關係都有潛在的重大影響，但Bowen認為這是一生的志業，而且是難以做到完美的過程，全心全力以成熟的態度投入家庭關係，是這個過程的基礎。Bowen表示：「比起其他事情，在家族中發展一對一的關係，是對個人成長更加有所幫助。」我了解他說的一對一關係，也包括上述所謂成熟責任感的向度。

起始點：收集事實與觀察

　　Bowen認為任何自我分化的持續進步，立基於收集個人家族的事實，而培養觀察互動的能力也同等重要——尤其是你對他人言行的反應，以及別人對你言行的反應。我在神學院與這個理論的初次接觸，引導我更有條理地看待家族的真相，這對我個人而言是彌足珍貴的，當時我正思考著人生志向，後來我將部分事實與觀察到的現象拼湊起來，發現它們似乎對理解我的家族和自身的運作功能有很大關聯。

家庭的起源：

　　我們家有七個男孩和五個女孩，在總共十二個孩子當中，我排行十一，出生在賓州東南部的美諾奈農家。我的祖父母皆在1720-1730年代在此處定居的後代，父親與他兩個兄弟的農場相連，我的親戚們彼此住在相隔十五分鐘的車程。我一直到八年級都是唸美諾奈小學，學校離家不遠，步行就可以繞過我們

的 "競技場"。後來我就讀於當地的美諾奈中學並順利畢業。

對我的家庭而言,「教會」是生活中的重要部分,我們和其他人參加的聚會與教會學校,造就了這整個社區。我們參加媽媽以前的教會,位於兩哩外的小鎮上,這對我家人有很多種意義。父親在集會中是主要的信徒領袖,同時也是我們小學的籌委,後來成為退休社區的長期委員。父親身為一個可以自由安排行程的農夫,他總是將教會的事務放在第一,農場排在後頭。我覺得父親有很強的情緒敏感度,以及教會事務的處理能力——特別是委員會會議。在處理重要事務時,我家的車總是最後一個離開,而父親在星期日晚餐時間與來訪的客人,話題總是圍繞神學、教會事務和傳教活動。

我的祖父是一位牧師,當他選擇牧師為職業的消息傳到祖母安妮的耳裡,她差點因震驚和失望而昏厥,也差點讓當時還是嬰兒的父親從她膝上跌落。祖父母在我出生前便過世了,我父母認為祖父是「堅強有魄力的傳道者,勇於宣揚自己的信念。」然而,也被認為他與妻子、兒孫的情感較疏離。

他的兒子——也就是我的叔父,跟隨祖父的腳步成為牧師。我八歲時,叔父引發大家的拆夥,包括教會和家族成員都因此而分裂成兩邊——有些人跟隨他,有些人則和他的長兄一樣留在多數的那個團體,雙方都有強烈的熱情,企圖想要說服另一方接受正確的信仰和做法。雖然我沒有直接參與那次的事件,卻能感受到父親的情感糾結。團體分裂後,我便與「保守派」教會的表兄弟姊妹較少接觸,但是我父親並沒有選邊站,而是與每個派別都保持聯繫。

父親受過八年級的教育，他預想到下一個世代所受的教育必須更長遠，尤其是那些志在神職和教會服務的人。我後來才意會到父親準備答應教徒的號召，只是這個號召遲遲沒來，因此父親未曾從教徒轉變成接受神學院受訓的神職人員。但是，以我祖父和父親名字而命名的哥哥，則被推向了神學院的方向。

　　母親的兩個姊妹都嫁給了牧師，其中一位和她丈夫都成為了傳教士，遠渡重洋到非洲傳教。在我八歲的記憶裡有一個場景，就是在紐約港一艘遠洋的定期船上，看著阿姨和姨丈準備啟航去非洲，身邊還有許多慶祝的旗子和彩帶飛揚。

　　Bowen觀察到一個事實，他發現當社會變得躁動不安時，核心家庭的關係歷程也會變得緊張和情緒高漲。他用社會情感歷程來說明情緒張力對家庭的影響。我在此提及這個概念以紀錄Bowen與其他觀察者認為從50年代之初到60年代，社會情緒張力逐漸增加，一直到70年代，美國社會變得更加動盪不安──這是我年輕時候的事，而情緒張力與快速改變本身有很大的關係。

　　總而言之，這些日子對家族和我個人來說充滿挑戰，Bowen理論觀察到關係環境中的緊張提升，反而讓有些人在別人身上施加更多壓力，以使別人順從自己的想法──這就是所謂互惠關係的高功能，而有些人在應對這些壓力時只會順從，把自己的思考能力擺一邊──這就是所謂的低功能。有些人以自己的壓力反擊這些壓力，結果就是──衝突。另外一些人則選擇疏離或切割那些持相反意見的人。這些潛藏的動力在我的

成年前期，似乎在家族與社區中加劇，就某種程度來說，我比其他人更多地採取了這些模式。

　　因此，我的觀察發現之一就是，當社會的傳統認同受衝擊，以及更多分離的關係和美國社會本身正經歷著極速的改變時——伴隨內在焦慮歷程已然啟動，躁動不安的社會情緒歷程，將同時影響著社會／社區／教會聚集／家族／我。當我還是個青年，並在這樣情緒化的環境中建立信念和職涯方向時，我如何執行關係中的責任呢？

獨立性與連結性

　　Bowen觀察到每個人的內在都有連結性的驅力，希望與他人維持舒適的親密關係，但同時也有獨立性的驅力，希望按照自己的認知、價值觀與目標來規劃人生。相對的成熟度，因此因應而生，用以平衡這兩種驅力，維持關係的封閉與開放，並且冒險在這些關係中有勇氣來界定自己——也就是，說出自己的想法和感覺。沒有人能完美地做到，因為每個人的特質與能力不一樣，這個差異通常反映出個人父母的成熟度，以及自我形成期間的驅力影響。因此，自我分化就是一種狀態，說明一個人在維持開放的人際關係中，能夠以更好的界線來界定自己的過程。簡而言之，每個人都對自己和他人負責——一個連結的自我。

　　與獨立性和連結性的張力緊密相連的概念，就是Bowen所謂假自我與基本自我的概念，他形容假自我就是沒有經過思辨

就採納的價值觀、信念和原則的集合，「……從他人身上取得，或者為了提高自己在關係中的地位而接納。」根據Bowen的說法，基本自我「……不受他人脅迫和壓力，不為了提高聲望，也不為了提高地位而改變。」但它有可能因為新知識的注入和新的體驗，而有所改變。

離家：成年早期

在自我導向的渴望和連結的需求之間保持平衡，是在發展更多基本自我或堅固自我時的重大挑戰，對剛離家的多數青年人，總是帶著極大的熱誠來迎接這種挑戰，對我也是如此。

1968年從高中畢業後，我便進入一所社區大學就讀，主修歷史。我對於美國的種族主義和貧窮議題非常有興趣，並且積極參與反越戰的運動。我認同「相對文化」的觀點，並批判教會對這些議題的缺乏關注。我和教徒集會保持距離——變得很少參與，父親對我的想法有意見，同樣的，我對他也是。

當我離畢業愈來愈近，我愈關注自己的職涯方向，我通過研究所的申請，準備去就讀政治學。大學的最後一個學期，我參與了瑞士的一個研究計畫，研讀歐洲與再洗禮派－門諾的歷史。在那裡，我首度接觸了以前沒有聽說過的生物學和神學上的先驅們。早期再洗禮派的知識似乎催化了我所學的一切——歷史的意義，存在於教會的生活和見證，而非政府的政治過程，於是，我決定攻讀神學而非追求政治學的領域。

當我回顧這段生命的轉折，從研究所到神學院的轉變，仍

讓我感到好奇。一方面，我可以說就讀神學院，乃是我深思熟慮統整歷史見證和基本信念後的選擇，同時，也和我長期以來對社會及政治的關注有關。然而，另一方面，選擇神學院是一條最容易反映家族傳統和早就被默許的道路。

再三回顧這個決定，對我很有助益，它提醒我在決策歷程中，將許多事情納入考量，包含人際關係的推力與拉力如何塑造我的思考與選擇；同時它也提醒我要接受我們生命的過去、現在和未來，有時候看似激勵和周到的決定，仍有模糊不明之處。

從社區到社區

我結婚並開始就讀於門諾神學院，這段期間，我和妻子發現有一群教徒立願重新修復再洗禮派祖先的教義和做法，以及更多的新約全書2。在基督教的教義和做法中，共享經濟並將教會視為一個社區，是很常見的組成，集會中的成員會討論關於貧窮、不公不義或軍國主義的議題。後來我所重視的信念在這個教會中一一實現，這與視野狹隘的家鄉教會有所不同。這個「有企圖」的社區比起我從小成長所待的教會，似乎更中肯、更真實。

我堅定地將自己奉獻給教會——並且在一年後中止了神學院的學業，讓自己更有時間朝向我們共同的未來願景。我迫不及待地希望在教會需要幫助時，加入服務，並且將自己設定為教會財產的管理與維持工作計畫的「理事」角色。以當時的情

況和教會的需求來看，我認為自己並不需要更高等的教育，我已經找到這麼一個教會，那裏有許多用心投入、有創意又有愛心的人們，並與我擁有同樣的信念和價值觀。

然而，數年後，我對自己目標的熱情逐漸冷卻，團體內的緊張感開始浮現。為了以後的神職工作，我考慮復學一事，我卻發現自己很難對教會的群體說出自己的渴望，也無法對生活有明確的展望——尤其是對一個可能即將離開教會的人。我不想使其他人失望，也不想放棄我原本的初衷。我不斷懷疑自己無怨無悔的付出，並試著說服自己，忠心的服侍終將會使那些牢騷消失殆盡，相信會有更多令人滿意的職務等著我去做，或是，相信我現在是為將來的神職訓練爭取支持。但是，這些都沒有發生，我徹底地感到挫敗－也可能是沮喪。我轉為責怪自己不夠有耐心和靈性，也怪別人沒有給我其他機會。

Bowen理論針對我的處境提出了一些觀點，以下是Bowen的觀察：

終止親子關係的人比起其他人，更有企圖心在社會的人際關係中建立「替代」家庭……如果社會人際關係對他們而言很重要，就愈有可能變成原生家庭的複製品。當他們遇到壓力、焦慮感提升，便斷絕社會上的人際關係，以尋求更好的替代品。

雖然我不認為自己切割了與原生家庭的關係，但是這個動力強度卻持續增加。這麼多年以來，我發現自己和家裡的情感變得很疏遠。因此，在某種程度上我接納了這個教會社區作為我的替代家庭。Bowen觀察到當一個人的原生家庭仍健在，這個替代現象通常並不好，但是正如理論所預測，我與原生家庭

的關係模式，不斷地在這個新的「家庭」中重現，我一樣會有抱怨和疏離的傾向。

在這個充滿我所謂創新、革新運動的教會社區裡面，我與它產生的情感連結強度並不遜於我與原生家庭，以及我從小成長的教會之間的關係。可以很合理的觀察到，證明自己足夠成熟、能與原生家庭的其中一段關係疏遠，一樣也會發生在新的家庭關係中。我逐漸明白這就是Bowen所說的，新的人際關係會變成舊的複製品。

這段痛苦刺激我自己邁向責任的旅程。有了教練的協助，我反省了很多段人際關係，透過許多的資料和線索，我開始一段歷程，重新界定自己在教會群體中的位置，我對一個鄰居牧師說出了我的展望，經過試煉後也得到了教會的支持，雖然一開始有人反對我返回神學院就讀，但最終我仍畢業了。

我嘗試了好多個神職，後來我在西北部擔任為期一年的臨時牧師。修了臨床牧師教育（Clinical Pastoral Education，簡稱CPE）的一門課，且在後來接受CPE的實習。這個過程挑戰自己去反思很多關係，也包括Bowen理論的各種觀點，我受到鼓勵，並且考慮參加CPE監事訓練，在申請成功之後，我必須離開和太太住了十七年之久的社區和教會。我選擇追尋這次機會，但是這個決定和遷移是相當困難的，Bowen說道，沒有一個自我分化的進展是易如反掌的。但是我有一個疑問，就是這個發展要到甚麼程度，才能證明這是從原則和價值中甦醒的明智決定？到甚麼程度它才能將我從教會群體逐漸擴張的壓力中抽離？

兩年後我被任命為牧師訓練員，來自教會的一個團體，花了好幾個小時的車程前來與會，我偶爾會去拜訪他們，這其中的人際關係，歷經了時間和地理上的考驗。

　　我持續在教會社區中汲取關於成長和學習的經驗，並提醒自己在這些未臻成熟的人際關係，可能在許多壓力源之下，過去這些關係模式又會復燃。這個經驗強調了自我分化的重要——關係中的責任——包括自我界定。和自我界定緊密相關，甚或是更為基礎的，就是負起自身經驗與人生方向的責任——避免責怪他人，而責任的關鍵，在於為自己的情緒狀態承擔責任。在我邁向更加成熟的路途中，沒有甚麼「轉變」比對自己的情緒反應和感覺狀態負責要深遠了——而不是去責怪他人，認為都是別人造成的。

指導原則

　　成為更有責任感的家庭成員，是我一直在實踐的目標，而這當中的核心關鍵，便是建立與維持指導原則，根據指導原則的方法，我能為自己建立一套依據普遍原則和價值觀的行為準則。

　　舉例來說，為了在家庭人際中更有責任感，我必須與人接觸，並將關係維持下去，因此，一個基本原則就是維繫正常的一對一接觸。我大多數的手足說我並不擅長這樣做，我比較善於家庭功能運作的部分，如果我真的這麼做，他們會對我在家庭功能的表現另眼相看——因為自從八年前我搬離住了二十五

年的家，搬到一個與家人相隔遙遠的城市。

　　前面引述Bowen對一個負責任的家庭領導者的描述，我將此當作非常有用的指導原則，因為我希望在家庭中發揮功用──其他的人際關係也是。例如，與家人有關時，我便找出適當機會界定自己──透過「我立場」的方式來說明自己的想法，並且避免去抨擊他人的信念或想法。另外一個針對家人互動的原則，就是邀請他人說出想法並用心聆聽──即使我不同意這些看法，仍表達我的尊重。另外一個則是比較私人──集中精神在自我管理上──把焦點放在自我的功能運作，盡我所能學習愈多的重要事物，以及觀察互動──尤其是我自己的部分。投入Bowen理論使我的觀察力更加敏銳。

家中的三角關係

　　投入心力學習理論和觀察關係，使我開始思量家裡的三角關係。我的父母、小妹與我所形成的三角關係，對我來說，是一開始最顯而易見的，妹妹小我兩歲，在家中接連五個男孩出生後，她是第一個女兒，我可以想見那是甚麼樣的狀況，也意識到她的出生──對我帶來了情緒性衝擊。我們沒有很親密地一同成長，但是我將我倆之間發生的所有問題歸咎到自己身上，我從小學到高中就讓自己跟她保持距離。

　　好幾年來我與她的關係逐漸成長，直至成人，我們變得更親密。為這段關係帶來重大的改變與影響，是從我們一起去探望罹癌住院的姊姊開始，我們在一周的時間內往返俄亥俄州和

波士頓。我們花了比開車十五小時還多的時間，來討論對於家庭和我倆關係的看法。我很驚訝地發現，她不認為自己是得寵和受保護的角色——她關注的反而是，爸爸將重心放在教會、農場和兒子們，以及媽媽對出席學校時的得體穿著所產生的焦慮。這場對話強調了關於疏離的真相——不了解的重要真相，其實是疏離及其本身的指標。當疏離——足以剝奪一個人正確看待他人的權利——出現時，個人對情緒系統的真相辨識便會偏頗。

　　透過投射歷程這個概念，Bowen描述三角關係的形成，不同的孩子因承受父母單一或雙方不同程度的不成熟和焦慮。這個焦慮有可能以期待孩子成就，或者是害怕孩子失敗的形式出現，基此所帶來的衝擊，最終將導致未分化以及增加了處理人生挑戰的困難度。我的一位哥哥似乎被期許對家庭有更多協助，他想辦法找到自己的職業方向並支持家裡，我認為至少有兩個哥哥覺得自己應該要承擔更多的世代期望，而成為牧師。

　　我站在這些三角關係外面觀察，尤其是父親與其他手足之間。在某個情緒程度上，我「感覺」自己離開了較受偏愛的位置，但是有了理論的幫助之後，我以不同的角度去看待我的位置，我認為自己的位置很好，因為在那裏我比其他人得到更少「協助」與期望驅力所帶來的焦慮，我自由自在地活著——無論是當牧師或其他職業。再者，歷程中的覺察，幫助我以中立而非批判的角度去看待每一個人，我看到他們遇到挑戰時都很努力想要做到最好。

　　注意到我在早期三角關係中的情緒反應，對我在許多狀

況中應當負責的運作功能頗為重要。站在自認為是局外人的位置，發現早期對受傷、責怪和疏離的情緒反應，到現在仍會出現在我的關係系統中。簡言之，認為自己束手旁觀的想法很容易被觸發，因此，責任意味著對自己的反應模式有所警惕，確認自己的感受是立基於現實，並且控制容易被促發的情緒。有了這樣的努力，在成熟的人際運作中，我能將指導原則發揮得更好。

手足與功能性位置

理解手足位置的影響，幫助我在責任方面的成長，在十二個孩子中排行十一，同時又是最小的男孩，我比排行中間的孩子，表現出更多年幼的特徵。我表現出更多像「最小的弟弟」而非「小妹的哥哥」，再者，比起哥哥們，我在較大歲數時，才開始分擔家中事務，而哥哥們從很小的年紀就開始。我在家中的角色，是逗大家開心的人、無拘無束、鮮少負擔家庭責任，這形成了一種模式，就是讓別人負責必要的領導，而我也順勢接受了，而在責任中成長，代表著我必須接受關於領導的挑戰。

家庭關係中的情緒疏離

提高對情緒疏離的敏銳度，其中一個收穫是，我發現它賦予家庭人際關係的許多特徵。要看清這個疏離，必須耗費許多心力，例如，我對他人的了解很少，也不知道其他人到底在

做些甚麼，這就是疏離。而且，我意識到在某些人際關係中，從對話裡看得出我在身心及社交方面的議題——一種維持著情緒疏離的接觸模式，然而，單單這樣的領悟，對於「實踐」新的、與他人有所連結的相處方式，並沒有太大價值。

情緒疏離也提醒了我一個事實——我幾乎錯過所有長輩的喪禮，每當想起此事，我就感到非常遺憾和後悔。地理距離是可能的因素－成年的我，住在離家三百哩以上的地方，然而，情緒疏離，也許就像在喪禮過後好幾個禮拜，才想起來有這麼一回事一樣。「反正我們認為你也不會來參加。」即使我努力融入對話，我仍錯過很多喪禮。回想起來，我最初的反應是怪罪別人沒有告知我喪禮的事宜，現在的我則承擔了更多責任，我讓自己做好萬全準備，不再無知，也改善了我的人際關係。

家族中的交點事件

在家族系統中最重大的事件，就是交點事件——Bowen定義為有人要離開或進入這個人際系統中，包含死亡、婚姻、離婚。一般來說，交點事件——尤其是死亡——會導致家族成員與家族更疏離，或者透過這樣的事件，使成員與家族更緊密與團結。Bowen認為，某個家族成員的瀕死，對家族所帶來的影響，就和真正的死亡一樣，我就曾在家族中觀察到這樣的過程。

在我大三下學期的時候，父親被診斷出罹癌，他被告知只剩下大約三個多月的壽命，於是我在學期結束前返家幫忙農場的工作。我把這視為功能運作的「進步」，而且是一項對家

族的付出。這段期間，原本封閉的父子關係逐漸敞開。父親的病情好轉後，他恢復了農場的工作，我也在學期結束前回到學校。經過這次經驗，父親似乎更能與他人自然而自在地相處，對一些麻煩的事件不再反應過度，更能包容那些不同之處。

接下來的案例，詮釋了在一些交點事件中，我所面臨關於情緒疏離的掙扎。七年前，我的一位姊姊罹患了顱內破裂動脈瘤，她住院治療且戴上生命維持器，但不久後腦活動停止，宣告死亡。我想著，當她的呼吸器被拔掉的時候，我是不是該立刻去探望並陪伴左右，或者，甚麼也不做，等到喪禮再出現就好？了解生命維持器被拿掉的深層意義，以及在這樣的家族時刻去貫徹自己的原則，我決定立刻出發，在三百哩的路程上，我一直感覺到內心對這項決定的抗拒，我想像著當其他人看到我在姐姐已回天乏力時，仍踏上這趟旅程會做何感想，其他的想法也質疑著我的動機。

儘管如此，我將這些疑慮拋開，意識到這些抵抗可能只是某些模式，我在家族中的角色應該要有所行動。我是到醫院的三個兄妹之一，並且和姊姊的家人度過這段時光，我的姪子姪女都很感謝我的參與和陪伴，這也就此改變了我們的關係。在那個時候，我感覺到自己是一個非常負責任的舅舅，我知道要做出這樣的舉動，必須對抗固有的疏離模式，也必須推翻「扛起責任並現身支持家人，不是我份內的工作」這個假設。

一年過後，輪到我有機會檢視自己對於自身健康危機的反應。去世的姊姊是第二個被診斷出腦瘤的手足，另外一個哥哥則已經從較不嚴重的腦瘤破裂中復原。在沒有任何症狀出現的

情況下，我懷疑這是家族在生理上的弱點，我選擇接受檢查，並發現了一個小小的瘤，雖然我很震驚，但還是謹慎考量每個決定，我蒐集很多資料來解釋病情和進行治療選擇，最後我選擇了一個長期的解決辦法——動手術——但這存在著一定的風險。我謹慎地思考後，決定把手術延後，並且給自己一個月的時間準備，享受到西岸拜訪兒子的旅程。我決定運用這次機會讓家族的聯繫能更進一步——在開放的關係中尋求支持。以前動機薄弱，後來我決定建立電子郵件群組，與家族成員分享我的近況，並尋求支持。我的文字透過無形的管道傳送出去，我開始收到來自整個人際網絡、教會和曾經工作過的專業協會寄來的信件、卡片、來電，我在這些過往自己曾經參與的人際關係裡，感受到開放的連繫，我禱告祈求並歡迎這些人為我祝禱。手術帶來的情緒波動，包括瀕死的恐懼，在手術當天被寧靜與祥和取代。手術進行得很順利，醫生認為我的恢復狀況非常迅速良好。透過這次經驗，疏離的關係重新被改寫，家人之間也出現新的連繫。我的經驗與相關研究顯示，有著開放與親密人際互動的人，比起較孤立者，能更快的從手術中康復。Bowen理論指出，人際關係系統的自然目的之一，就是為個體生命中的危機所帶來的壓力與焦慮提供緩衝。

我對旅行的指導原則之一，就是適當地為行程做調整，有機會的話，在途中去拜訪其他家人，例如，我有個住在美國西岸的姪子，在過去二十五年幾乎不曾與其他家族成員聯絡。十年前，當我和太太去旅行時，決定短暫停留一天去拜訪他和他的家人，這次的拜訪對我別具意義，他也很感激。去年秋天我

再次旅行，並安排了班機在他居住的城市停留三小時，我們共享了美好的午餐時光。

今年四月，他的父親——也就是我姊姊的前夫去世了，我當下就決定要參與喪禮。姊姊與她的孩子們對我的參與及陪伴表達謝意，這讓我感到驚訝，然而，自己也對這次經驗感到滿意。我特意記下來，當初這趟陪伴家人之旅，我並沒有多想即決定付諸行動，也不在意其他人怎麼想，它明顯地就是我必須盡責的義務。

後來只有兩個阿姨健在，我為家族連繫付出的努力也得到了回報。在我年近五十之時，我意識到除了固定的家族活動之外，我從未主動拜訪過任何一個叔叔或阿姨，所以我首次去拜訪阿姨之後，我知道自己已經踏出了成長的一大步。再者，我也從這位高齡九十的阿姨身上，感受到家族最深厚的資產——心靈和處世上的智慧。我在自己的人生旅程上受到啟發，在此同時，他們則驚歎我花時間去探望他們。

結論

學習Bowen理論對我的人生有甚麼貢獻？以及，它如何成為往後的資源？以下是我的想法：

- 對我在再洗禮派－門諾傳統的理論教學上，Bowen理論成為我淨化與深化信念的資源。舉例來說，我們預想教會成為一個充滿愛的社區——可以理解的一套行為模式——將互動與功能賦予特色，以見證未來與上帝的成

果。Bowen理論檢視了各種行為帶給他人的影響，也幫助我去辨別哪些是提升或破壞社區的行為。

• 另一個傳統的理論信念，促使我去愛護敵人，避免對他人攻擊相向。有些攻擊行為很明顯，有些則否。Bowen理論是很好的資源，提供我學習觀察細微差別以及情緒壓迫的複雜性，還有，自己如何容易地落入這些行為圈套中——疏離就是其中之一。因此，它幫助我在人際關係中實踐零暴力，這也是我的原則之一。

• Bowen理論使我在專業的督導和領導力的教練工作上，得以發揮高道德的功能運作。在這裡我引述一位治療師的中肯觀點，為我的專業角色提供許多資料來源：「在主觀性的內容之外，沒有兩個個體能與彼此建立關係……基於這個理由……認識自己與不斷擴張的家族系統——以了解自己主觀的天性——被認為是個人與專業倫理的議題……認真看待，廣泛學習自己的家族以及家族的情緒，是對自動化歷程的尊重表現……要確保自己對他人的反應降到最低，沒有任何方法比盡可能地理解自己的家庭情緒系統、系統對自己的影響以及自己對系統產生的影響更好。」投入家庭工作幫助我在專業人際關係的客觀性，持續投入在家庭的努力，是我的指導原則，並且深植在我個人與專業倫理當中。

• 我懷疑若沒有Bowen理論的資源，我和我的家族親戚成員的關係模式，是否會是現在的樣子，我在人際關係中的大多數舉止，都是建立在理論概念所啟發的價值觀和

原則之上。我僅僅提供一個先行者的責任，透過和家人們的互動，描繪出Bowen理論如何為這些關係帶來不同。

chapter 13

禱告與情緒反應[1]

Victoria Harrison[2]

　　禱告是人類古老的經驗之一，禱告的歷史在傳統上具有許多樣貌（Zaleski, 2005），有些禱告就像爭戰的呼喊，有些禱告則讓人安靜，也有些禱告充滿許多言語與許多人一起禱告，而其他禱告則安靜且言語稀少。禱告究竟如何在人類的社會中以及在宗教活動上運作，非常值得探討。

---

[1] 呈現於Symposium on Cognitive Science & the Study of Religious Experience, University of Vermont, April, 1995.

[2] Victoria Harrison, MA, LMFT, LCSW 開始跟Murray Bowen學習，她是Bowen家庭研究中心的教職人員，她在德州休士頓擔任臨床工作者，以及自然系統與家庭研究中心的主任。

背景

在研究上，通常將人在禱告的生理反應視為「放鬆反應」，即從一種躁動（耗費能量的一種反應）到充電的狀態（與休息相關的反應），這種反應主要為降低骨骼肌的活動、緩和心跳、減低交感神經系統的活動以及皮膚的出汗反應（Benson, 1984; Gellhorn, 1972）。對於在禱告中神經活動的研究顯示，在大腦中特定區域的血流量以及腦波的變化與默想狀態有關，默想狀態又被稱為廣泛的覺察、客觀、與萬物一體的感受以及一個公平熱情地自我意識（Newberg, 1998; Austin, 1998）。大部分對於禱告在生理、神經上改變的研究，都是針對生活在宗教群體中的人們，並且他們擁有長時間、日常的禱告紀律，通常能夠默想或沉思。

神經科學的研究及生理研究，可以預測在禱告以及情緒反應之間更複雜且多變的交互作用。情緒反應本身牽涉更多變異性，而非只是單單對比鮮明的焦慮或放鬆而已（Harrison, 2007）。所有的生命形式都具有生物本性與行為本能，使他們可以對自然環境以及親族關係做出適應，而有助於生存、生長、適應與繁衍的反應模式被保留，但是每種物種，只能在其物種有限範圍內的變異性中，具備一些特定能力（Crews, 1998）。

人類的反應包括：

· DNA，為多細胞身體計劃而有的基因程式。

· 生物化學上大多與脊椎動物相似。

・大腦維持三個主要的運作，如同其他哺乳類，只是在靈長類上更為精緻化（MacLean, 1990）

增加對家庭成員與社會群體的參與程度，會伴隨著前額葉的網絡擴張，以及皮質連結的複雜化（MacLean, 1990; Wilson），人類的大腦被設計於做自我保護的情緒反應、關係穩定以及繁衍後代（Henry, 1977; Rauseo, 1995）。家庭中多樣化的關係，以及世代間的經驗會建立複雜的反應模式，關係是壓力，同時也是處理壓力的資源。

關於腦部的研究，繪製出一個如銀河般彼此牽動且多變的反應路徑，顯示生理與神經的連結與交互作用如何在既定的個體與個體之間運作（Henry, 1977; LeDoux, 2002; Lumpkin, 1997）。關於資源以及壓力的資訊透過視丘被根植，這視丘跟海馬迴緊密地相連，提供有助於評估選擇的回憶經驗。視丘也與杏仁核相連，杏仁核是刺激賀爾蒙與神經系統產生恐懼反應的中樞，杏仁核也接收有關內在狀態的訊息，將這資訊與對外在的知覺結合後，試圖維持或修正反應。舉例來說，有關含氧量與呼吸的資訊會被傳遞到杏仁核與顏色感應資訊，急促而淺短的呼吸有可能原本是出於一通來自焦慮父母的電話，卻引發了兒茶酚胺的釋放、血管收縮以及不舒服、心煩意亂的感覺，如此一來，正在雜貨店大排長龍中，或在等待飛機起飛的個體，可能就會升高到焦慮發作。

當一個經驗促發了恐懼或焦慮，杏仁核的活動刺激皮質釋素（Corticotrophin Releasing Hormone），此皮質釋素會直接影響大腦。如果這個狀況是轉瞬即逝的，則生理又會回復平靜，

不觸動自律神經系統或賀爾蒙系統，如果一個壓力情境持續一段時間，皮質釋素就可能會促發自律神經系統，增加胰島素與腎上腺素，預備身體在面對威脅時做出戰或逃、保護或關閉的反應。如果這個情境一直持續、懸而未決，下一個層次的反應會繼而產生，腦下垂體——腎上腺系統會被促動，使皮質醇（cortisol）增加。皮質醇會透過血液系統流轉並在最終回到腦部，此時將會使皮質釋素降低，但在這之間，它已經影響了一個人如何感受、思考以及運作，被提高的皮質醇改變了能量的分配，使能量從繁衍、消化、生長或自我修復，轉移到對壓力的調適上。

其他大腦的網絡也負擔了一些反應，抑制與平衡焦慮與害怕。一種與友善、溫暖或喜愛有關的腦垂體賀爾蒙催產素，會因此而增加並且抑制皮質醇的產生（Carter, 1997）。Erik Kandel與Mike Rogan指認出一個穩定的反應，它可以調節、抑制下視丘產生的壓力反應（Kandel & Rogan, 2005）。

其實有一些反應會交互作用，而這些反應變化性很大，並不只是對單純壓力狀態的反應模式或放鬆反應，這些反應也並非對感受到的單一壓力或威脅做出簡單或單一的反應。而本篇文章也是要闡明同樣的道理，禱告也不是簡單或單一的反應，即便禱告會轉變成生理和神經系統的反應，而這些轉變顯然也被個體之內的情緒反應所影響。

禱告與情緒反應

我偶然在心理治療與教導自我調節的臨床實務中，開始有關禱告與情緒反應的研究，它是根據Bowen家庭系統理論進行的研究。在這樣的情境中，我有機會用生理回饋以及神經回饋的設備，去觀察人們在談論他們生命中重要的人、事、物，生理回饋儀器衡量他們的骨骼肌運動、指尖溫度、皮膚出汗反應，與其他生理反應，並且立即提供他們視覺或聽覺的回饋。神經回饋儀器或腦電波儀衡量人們的腦部電流活動，顯示腦部不同區域的運作情形。個體使用這些資訊好讓自己對生活經驗的反應——尤其是伴隨症狀的反應——有更好的覺察，然後學習用一些方式去修改這些反應。

早期使用生理回饋儀器對禱告與情緒反應之關連的觀察案例中，其中之一是出自於一位依納爵派的禱告者－Jesuit priest，就在他認定照顧年邁帶病母親晚年是自己的責任開始，他持續被自己的心智活動所困擾。利用生理回饋，他得以認出這些高度的骨骼肌活動，並降低自己身上的反應，之後，他重新恢復以往經過多年禱告而得的那種平靜、沉思的內在狀態。

許多年以後，在1994年，我從事一個有關排卵與生理反應的研究，這其中包含了三個從天主教自然家庭計畫網絡徵得的女士，以及十二名從醫療與心理健康診所的女士，這十五位或有或無排卵異常的女性在過程中要請她們講述與自己家庭有關的事實，然後靜靜地坐著，讓生理回饋儀器測量生理壓力反

應的幾個向度。在靜靜坐著等待壓力指數的回饋時，三位從天主教機構來的女士在講述家庭與生活時，產生的壓力反應——骨骼肌活動的增加或是血管收縮等向度，比起另外十二位女士降低較多。當這三位從天主教機構來的女性被問及：「你剛剛在做什麼？」每一個都回應說，她們在靜靜坐著的時候把思緒轉向禱告，就如她們平日所做。這樣的觀察引起更進一步的研究，企圖利用臨床實務上或教育計畫上的機會，使用生理回饋或神經回饋設備探究禱告與生理反應之關連。

接下來的兩個例子闡明了人在禱告時，在身體、神經系統與腦部活動的個別差異，這種禱告並非是公眾的或共有的，相反的，它是非常個人內在的運作，這是一種人們自己在日常生活中實踐之有言語或安靜的禱告。

禱告與情緒反應的兩個例子

有兩個人參與了生理回饋與腦波測量，他們在此段時間內先用了三十分鐘，描述與家庭以及自己的生命故事，然後靜靜地坐著禱告大約五分鐘。他們都沒有經過生理回饋或放鬆的技巧訓練，而且本身也都不是神職人員，只是都有日常禱告的習慣。

兩位在談論自己家庭與生命故事的時候，都產生焦慮反應，包括骨骼肌張力增加，以及代表腎上腺素增加的皮膚出汗反應。每一位都回報，他們在靜靜坐著禱告的時候，感到焦慮降低的改變。然而，他們對禱告的反應卻十分不同，包括在講

話以及禱告時反應的不同，讓人產生很大的疑問——究竟禱告與情緒反應的交互作用為何？

亞當

　　亞當在講到他的長子誕生、他第一次工作升遷以及購買昂貴新家的時候，開始用力呼吸，他緊繃的肌肉以及皮膚出汗反應，使他意識到自己伴隨著增加的壓力與成功而來的緊張，這些情緒反應在了解他的原生家庭故事以後，變得更能讓人理解。

　　他是自己父母親第二次婚姻的長子，有著來自第一次婚姻，且比自己年長許多的哥哥。他的父母親皆努力於在第二次婚姻中做的更好，包括對第二次婚姻的孩子。亞當覺得自己有責任讓父母親快樂，然而，在石油產業經濟蕭條的日子裡，家中出現了酗酒與壓力的問題，他的父母在他六歲的時候離婚了，當時他的弟弟也才四歲，而住在附近的外公外婆，變成他人生中穩定的力量來源，他開始與他們一起參加教會。

　　亞當與他母親下一任丈夫的關係充滿衝突，他離開家去念大學後與家庭的關係便疏遠起來。相對的，亞當晚婚，他直到完成大學學業並建立事業之後才結婚。他開始增加與父母以及結婚後更大的家庭圈接觸，在結婚刻意避孕的六年之後，他與妻子有了兩個孩子。在妻子懷第二胎的時候，他有嚴重的胃痛及焦慮發作的情形，在工作升遷後，隨之而來的更多責任及工作上的壓力，讓他的狀況延續了幾個月，而他的醫生建議他依據Bowen家庭系統取向來處理他的焦慮及症狀。

雖然亞當把生活處理得很好，他沒有意識到自己因著家庭責任以及歷史而來的壓力，直到他從生理回饋儀器上觀察到增加的骨骼肌張力，以及皮膚出汗反應。14赫茲（Hz）這較低程度的腦波代表他在談論家庭與生活的時候，較少自我覺察，也較沒有能力反思自己的反應並調整它們。而稍後的禱告帶來的轉變幫助他更能覺察自己的反應，以及什麼反應可以降低他的焦慮。

在禱告中，亞當的皮膚出汗反應從平均20微歐姆（microhoms）驟降到14微歐姆，代表焦慮降低了（雖然14微歐姆仍算是維持在焦慮的範圍內）。他的肌肉活動從平均25毫伏（mv）驟降為5毫伏，代表許多的情緒緊繃消失了。他的皮膚電子溫度維持在93度，顯示交感神經系統所帶來的外圍血管收縮並未發生——這是對於情緒緊繃的一種測量——在禱告時講話只稍微上升到95度（代表持續的放鬆），而在禱告的時候，他的腦波也從14赫茲上升，代表他此時正在經驗比談論家人時更冷靜的心智活動。

亞當兒時曾在教會中學會如何禱告，但在成年早期停止過。大約十年前，他在婚後開始重新每日禱告的習慣，亞當會在禱告中「數算神的恩典」，並有一段安靜的時間。

約翰

約翰的生活與家庭、關於禱告的歷史以及對禱告的反應都與亞當不同。

在談論家人歷史以及他的生活時，約翰的焦慮程度上升，他的指尖溫度只顯示出交感神經系統中度的激發，但是他的皮膚出汗反應平均為40微歐姆，顯示腎上腺活動或焦慮的上升，而他的肌肉緊繃度提昇至平均25毫伏（活躍但輕鬆的骨骼肌活動大約介於4到8毫伏之間）。

約翰是中間的孩子，由一對不太和其他家族成員互動的夫妻所生。他的父親是一間小公司的會計，並且與手足或大家族處得不好，他的母親自年輕時，從歐洲移至休士頓後，就沒有和她的家人保持聯絡。父母親的婚姻十分緊張，不時會有激烈的衝突或情緒的疏離，使得母親投入更多精力於孩子身上，父親則投身於事業。約翰的大哥沒有完成高中學業，但是擁有成功的汽車行，結婚並擁有兩個孩子，約翰的妹妹則念了大學，結婚並搬到別處，她與約翰或這個家庭很少來往。

約翰在高中時，被診斷為學習障礙且過動，他完成高中學業，並且在當兵前參加了學校交換學生的計畫。當兵時，他因為被診斷具有妄想與精神病行為而被要求提前退伍。他回到休士頓，娶了一個與原生家庭沒有聯絡的女人。約翰幫忙撫養他妻子的女兒，另外他們也有兩個自己的兒子。當約翰用刀威脅一個兒童福利中心的工作人員之後，他被控虐待兒童，在監獄裡服刑四年。在監獄中，他有了信仰上的轉變，並開始禱告。自從他被釋放，他靠打零工過活，參加緩刑諮商，在他妻子外出長時間工作的時候，他負責大部分照顧兒子的責任。他開始可以和人有更好的相處、更好地處理自己在生活中的沮喪、精神病也較少發作了。他參加一個新教教會並持續日常的禱告，

就在這個時候，一位教友推薦他試試家庭系統理論及生理回饋。

在禱告中，約翰的皮膚出汗反應，從平均40微歐降為23微歐姆，骨骼肌的活動從25毫伏降為12毫伏。雖然這些生理反應皆朝著焦慮降低的方向改變，但是他們都仍保持在屬於焦慮的範圍內。他的指尖溫度在談論家人與生活的時候是92度，在禱告的時候上升為95.5度，顯示由交感神經系統所造成的外微血管收縮現象減緩，焦慮有些微降低。再者，他腦波在這14赫茲腦波的紀錄，則從1.9微歐姆下降到 .89微歐姆，代表腦部的焦慮活動在禱告時候上升。

約翰的禱告是安靜但多語的，注重於認罪以及饒恕，他熱切地回顧他過去的罪惡與過錯。約翰在監獄的時候，開始接受靈恩派的基督信仰，其中的禱告包含趕鬼及釋放強烈的情緒，在接受此研究之前，他有日常禱告的習慣已長達兩年。雖然無法建立一個絕對的因果關係，但是，日常的禱告、注重家族系統、以及自我調節的心理治療，都發生在約翰開始能夠控制自己情緒及行為的時候。

觀察

以上這少量檢視生理與神經反應對禱告反應的文獻，顯示出禱告的典型改變——冷靜的身體及安靜的心理狀態。這兩個針對情緒反應及禱告的觀察，反映出在禱告時期所發生之生理反應及腦波活動的變化。兩位男士在禱告的時候，都經驗到了焦慮降低，但是改變的程度則有很大的不同。

骨骼肌的活動在兩位男士身上都降低，但是約翰的肌肉緊繃度12微伏，仍然落在緊張的範圍中，而亞當的肌肉緊繃驟降至5微伏。在反映出腎上腺活動的皮膚出汗反應方面，兩位男士都下降，但是仍落在焦慮的範圍內，約翰的皮膚出汗反應（23微歐姆）比亞當的出汗反應（14微歐姆）更高，顯示約翰更為緊張。兩位男士在指尖溫度並沒什麼變化，顯示較少的交感神經系統所帶來的外圍血管收縮，以及較少自律神經系統的焦慮反應。在腦波活動上的差異，是造成約翰與亞當之間最大的不同，他們有整整14赫茲的差距，在亞當身上，如此大的漲幅顯示他對於關係的情緒反應降低，以及他在自我覺察和自我調節的相關反應增加了，而在約翰身上大幅的下降，則代表持續的焦慮反應，抑制了腦活動中會產生14赫茲信號的區域，這區域與深層地覺察與自我調節有關。

　　這兩個平凡但常常禱告的人之間的比較，揭示了禱告與情緒反應之間關係的多變，兩個人都在禱告中經驗了焦慮降低，但是程度不同。這樣的比較提供了一些訊息，透露了造成所觀察到的差異背後的因素，包括禱告的歷史與特質、家庭的歷史與運作、個人的生活史與運作、以及他目前的關係系統。

　　雖然亞當與約翰每日禱告，但是禱告的歷史與特質不太一樣，亞當「數算恩典」並且在禱告中有一段安靜的時間，而約翰則數算他的罪，並且注重饒恕，他的禱告是激動而充滿言語的。亞當從年輕時與外祖父母上教堂，就開始禱告生活，而約翰則自兩年前從監獄中開始禱告。

　　禱告的歷史與習慣的不同，和家庭及生命歷史的不同很

有關係。在兩人的家庭中，都有著破裂的關係，只是程度上有很大的不同。亞當的父母離婚，但仍對於彼此及對其他家族成員仍保持著聯繫，而約翰的父母切割自己與上一代、還有兄弟姊妹的關係。亞當在成長過程中，得以與外祖父母及更大的家族保持關係，而約翰沒有。他們家的教育、職業與功能程度都不盡相同。兩位男士都已婚，但約翰的妻子，在他坐監期間開始了一段外遇，使得他們兩人的婚姻受到威脅。此外，兩位男士每日所受到的壓力程度也不同，亞當扛起工作的責任，約翰則失業且處於緩刑階段，並且正在尋找工作中。或許可以這樣說，這兩位男士及他們家庭的情緒成熟度，處於不同的層次。

Bowen家庭系統理論，再配合神經科學與自然科學，提供了一個框架，使個人可以進一步討論這些觀察到的現象，並仔細查看可能影響禱告與情緒反應之交互關係的因素。

討論

從自然科學的研究中可以清楚地看出，家庭成員之間以及社會群體之間的關係，會影響個體情緒反應的程度與模式，這種在反應上的不同，包括在個人與家庭如何運作，生理健康與心理健康的運作，成熟與不成熟的運作。雖然情緒性反應與關係是許多科學研究的對象，但是人們對它們的了解仍然甚少。

這個有關禱告與情緒反應的研究，是根據Bowen理論，一個家庭自然系統理論，並以此為概念框架去了解人對關係的情緒反應之多變性。Bowen寫道：

「情緒運作包含主宰單細胞生命的自動化力量，以及生物的各種力量，包括本能的防衛、繁衍，被自動化神經系統、主觀情緒與感覺狀態所控制的活動，以及主導關係系統的力量（Bowen, 1978, p. 305）。」

雖然大多數抗衡上述這些與關係或情緒反應的狀態，都是自動化且未被覺察的活動，但是人類的大腦多少也包含了可以反思的理性能力，就如Bowen所寫：「人是有可能去分辨情緒與理性，並且慢慢增加對情緒運作有意識的控制。」（Bowen, 1978, p. 305）

自我的整合程度，或「自我分化」，是面對不同反應與其對功能所帶來的衝擊，扮演最重要的核心關鍵。

人們的情緒與理智系統之間，存在著不同程度的融合，融合程度越大，生活就越被自動化的情緒力量所掌控。（Bowen, 1978, p. 305）

這個理論性觀察已經被神經科學的研究所證實，它記錄了前額葉皮質區與邊緣系統、以及腦幹之間的神經交互作用。Joseph LeDoux進一步的研究，更指出有更多連結存在於杏仁核與中腦上升到皮質層之間，它們比前額葉皮質區下降到情緒腦的連結還多，因此，情緒能對理智產生影響力的通道是眾多且複雜的。LeDoux也描述了個體之間存在的差異，個體從理智去控制情緒反應的神經連結，有所不同（LeDoux, 2002）。John Allman也記錄了在神經元數量、前扣帶迴的神經元運動、調控前額葉與邊緣系統之間活動的神經元橋樑，在個體之間有差異（Allman, 2002）。

情緒與理智的融合程度越大，焦慮反應就越容易干擾仔細思考的這種反應。理智與情緒越區分與整合，仔細思考的反應，就在神經元的層級上有更大的影響力。

Murray Bowen把個體間情緒與理智的融合，以及在人際關係之間的融合作連結，他說：「個體內情緒與理智的融合程度越大，這個個體越容易被納入旁人的情緒融合之中。」（Bowen, 1978, p. 305）在自我分化程度較低的情況下，家庭成員之間的融合，就會產生高度的反應。人們會為他人或彼此作情緒反應，傾向依賴彼此。當這些關係令人筋疲力竭或難以處理，個體更易耗損。關係佔用了更多的能量與努力，而依賴自己的能力且運用理智去為自己思考的能力會變弱，最後，人們通常會從關係中退縮或切割。

有著分化較好的自我，個體較有能力保持關係並依賴自己，關係較不使人吃力，家庭成員對於彼此來說比較像是資源，而成員有較大的彈性去倚賴自己或依賴他人。

在任何家庭中，幾個世代間的功能運作事實，大致反映出家庭成員會有怎樣程度的自我分化。Bowen理論辨識出一些變項，可以檢視它們對反應的衝擊與自我分化的關聯性，因此，也可以看出對禱告反應的影響。毫無疑惑，處於任何一種分化程度的人們都可能會禱告，禱告可以發生在任何關係系統中的每個人身上，而每個人對禱告的反應，則受到其家庭如何運作的影響。

以上呈現的兩個例子，比較禱告中改變的差異，也描述了可能造成此差異的家庭歷史與生活。雖然兩個人的焦慮程度都

在禱告中有某種程度的下降，禱告調整他們在大腦與身體的反應，但在程度上有不同。不管如何，在禱告中，情緒些微的變化，都可能造成自我覺察的提昇，更多的自我調節，以及更多處理與他人關係的能力。

有待研究的問題

　　一個更有系統性地探討禱告與情緒反應之間的研究，重要的是可以依照Bowen理論來進行初步觀察，並且在一個更大的系統研究中納入更多的受試者。

　　Jensine Andresen檢視了禱告與靜坐的相關研究在方法學上的限制，發現它們皆錯誤地強調禱告與靜坐是一樣現象的假設（Andresen, 1998）。把禱告中的反應，從靜坐及其他能製造放鬆狀態的方法區分出來，可能是重要的。在禱告中發生的改變，真的與發生在靜坐時不同嗎？在禱告中與上帝相遇的經驗，是否包含著靜坐所沒有的關係歷程？

　　一個更謹慎的研究，可以選擇有日常禱告習慣的一群人與另一群實行靜坐的人，當成受試者來研究。若每一組之內皆有幾個受試者，就可以去檢視組內的個體差異，或是對不同歷史、家庭運作的群體之間作比較，並且考慮受試者當下的家庭運作，去研究他們當下呈現的焦慮程度。研究者也可以去探究在有信仰的社區中禱告者，或住在家庭、婚姻與孩子中的禱告者之間的不同。

Bowen博士說：「世界偉大的宗教，相較於心理學與精神醫學，談更多自我分化的概念。」（Bowen, 1989）。有關禱告與反應的研究，給我們機會去了解分化的程度，以及禱告在各種分化程度的人，對情緒產生的調節作用。若使用Bowen家庭系統理論去追蹤不同自我分化程度的個體與家庭，以了解禱告是否或如何對他們的健康與功能運作產生影響，不只是研究個人，也研究在一段時間後對家庭產生的影響。

本篇論述最後要以Paul McGlassen牧師/博士的一段禱告詞做結論，他是一個長老會的牧師，選擇離開普林斯頓大學的教職來到國家的講台。他說：「神阿！原諒我們，我們把祢已經清楚顯明的事情，弄得令人費解，我們把祢設計的豐富且多樣事情過度簡化。」Bowen理論以及從自然觀察而來的知識，讓我們可以努力做得更好，用以描述情緒反應以及禱告的豐富性與多樣性。

參考書目

Allman, John, Hakeem, A., and Watson, K. ""Two Phylogenetic Specializations in the Human Brain." The Neuroscientist 8(4): 335-46. 2002.

Jensine Andresen. "Methodological Pitfalls in Meditation Research," presented at Conference on Cognitive Sciences and the Study of Religious Experience, University of Vermont. 1998.

Austin, James. Zen and the Brain. Cambridge, Massachusetts: MIT Press, 1998.

Benson, Herbert. Beyond the Relaxation Response. New York: Times Books, 1984.

Bowen, Murray. Family Therapy in Clinical Practice. New York: Rowan and Littlefield, 1978.

-----------Personal Conversation between Murray Bowen and Victoria Harrison. 1989.

Carter, Sue. "The Integrative Neurobiology of Affiliation." Annals of the New York Academy of the Sciences. Vol. 807, 1997.

Crew, David. "Biology and Relationships: Adaptation in Nature" in Family System, Vol. 4, No. 2. 99-106, 1998.

Ernst Gellhorn. "Mystical States of Consciousness: Neurophysiological and Clinical Aspects." Journal of Nervous and Mental Disorders. 154: 6, 1972.

Victoria Harrison. "Family Emotional System and Differentiation of Self: Regulation of Physiology and Functioning," Postgraduate Program Presentation, Bowen Center for the Study of the Family, December, 2007.

Henry, James P. Stress, Health and the Social Environment. New York: Springer-Verlag, 1977.

------------Instincts, Archetypes, and Symbols: The Physiology of Religious Experience. Daytonm Ohio: College Press, 1992.

Kalen, Ned. "The Neurobiology of Fear," Scientific American, 1993.

Kandel, Eric, Mike Rogan, et al. "Distinct Neural Signatures for Safety and Danger in the Amygdala and Striatum of the Mouse" Neuron. Vol. 46, Issue 2, 309-320. April, 2005.

Kerr, Michael. Family Evaluation. Norton: New York, 1988.

LeDoux, Joseph. The Emotional Brain. Simon and Schuster: New York, 1996.

------------The Synaptic Self. New York: Viking Press. 2002.

Lumpkin, Michael, "Variations in Stress Responses." Conference on Individual Variation, Georgetown Family Center, Washington, DC., 1997.

Maclean, Paul. The Triune Brain in Evolution. New York: Plenum Press, 1990.

Newberg, Andrew. "Neuropsychology of Religious and Spiritual Experience." Cognitive Sciences and the Study of Religious Experience, University of Vermont, 1998.

---------Why God Won't Go Away. New York: Ballantine Books, 2001.

Rauseo, Louise. "Relationships as Primary Regulators of Physiology" Family Systems. Vol. 2, No. 2, Washington, D. C.: Bowen Center for the Study of the Family, Fall/Winter 1995.

Varela, Francisco. The Embodied Brain. Cambridge, Massachusetts: MIT Press, 1991.

Zaleski, Philip and Carol Zaleski. Prayer: A History. Houghton Mifflin: NY. 2005.

感謝Katie Long牧師/博士在對於Bowen理論的知識下優秀的編輯。感謝Roberta Gilbert博士對於編輯的貢獻，並且在濃厚的興趣下，對此項工作的進行給予許多啟發。

自我進步的評估

Timothy Berdahl[1]

當領導者學習Bowen家庭系統理論時，會創造什麼樣的變化？透過非凡領導力研習營，Robert Gilbert博士密集地引導學員認識Bowen理論。

非凡領導力研習營造成哪些影響？在每一年參與學習的神職人員與領導者中，是否可以測量到任何改變？

---

[1] Timothy Berdahl，神學碩士，ELCA教會神職人員，作為主教化解教眾們的衝突。在休假年時，他在人類系統研究中心從事他的研究。

生活功能的前後測

　　每次研習營的尾聲，Gilbert博士會給每位學員一份評估量表（見下表）。評估量表邀請研習營學員，在十四個領域中自己的功能表現，進行評量。

非凡領導研習營的評量

1. 以1到10分評量以下題目，10分代表最好的功能表現。

去年	現在	
		在解決問題上，我有清晰思考的能力
		決策能力
×	×	關係中的功能表現
		原生家庭
		核心家庭
		工作系統
		朋友系統
×	×	身體、情緒／心理、或社交徵狀
		在自己方面
		在核心家庭方面
		在原生家庭方面
		「跳脫」情緒化的能力
×	×	成為領導者的能力
		對自己的信心
		有能力以他人能夠理解的方式界定自我
		當團體緊張時，有能力保持冷靜
		有能力與意願去自我省思，例如擁有自己的夢想、知道自己在想什麼

2. 默想出Bowen理論的八大概念。

數字資料

　　資料來自75位於2003年至2007年間填寫評估量表的成員
（另有4位未填完評估量表）。以下依照去年與今年平均分數
的差異，由高至低排列各個項目。

去年	現在	進步	
5.2	6.9	1.7	成為領導者的能力：當團體緊張時，有能力保持冷靜
4.7	6.4	1.7	「跳脫」情緒化的能力
4.9	6.5	1.6	關係中的功能表現：原生家庭
5.3	6.9	1.6	關係中的功能表現：工作系統
5.1	6.6	1.5	在解決問題上，我有清晰思考的能力
5.2	6.7	1.5	關係中的功能表現：核心家庭
5.5	7.0	1.5	成為領導者的能力：有能力與意願去自我省思，例如擁有自己的夢想、知道自己在想什麼
4.9	6.4	1.5	成為領導者的能力：有能力以他人能夠理解的方式界定自我
5.3	6.6	1.3	身體、情緒／心理、或社交徵狀：在自我方面
5.1	6.4	1.3	身體、情緒／心理、或社交徵狀：在核心家庭方面
5.4	6.7	1.3	成為領導者的能力：對自己的信心
5.6	6.8	1.2	決策能力
5.0	6.2	1.2	身體、情緒／心理、或社交徵狀：在原生家庭方面
5.4	6.3	0.9	關係中的功能表現：朋友系統

觀察

　　成員發現所有的項目都有進步，整體進步的平均分數為
1.4分。進步最多的是保持冷靜（1.7）和跳脫情緒化的能力
（1.7），而跳脫情緒化的能力，是參加研習營前總平均分數最
低的項目（4.7）。Bowen理論指出，擁有在一般焦慮中保持冷
靜，以及在情緒融合中自我分化等二項能力，將使個人能更清

晰地思考，該項目在分數上也有很大的進步（1.5）。

　　緊接著兩個進步最多的項目，分別為原生家庭的關係功能表現（1.6）和工作系統中的功能表現（1.6）。評估量表中，保留成員開放填寫自己心得的回饋部分，在此，有些成員描述了這二個系統的關聯性，認為在原生家庭的功能提升，工作系統功能上也會有所提升。

　　在「身體、情緒／心理、或社交徵狀」類別中，學員指出在該類別中的三個領域，包含自我、核心家庭與原生家庭，都經驗到正向的改變。這表示經歷過一年的研習營後，三個領域的症狀都有所減少。如果徵狀的出現可以用來評估生活功能，那麼研習營可以提升學員自我、其核心家庭與原生家庭的生活功能表現。

　　評估成為領導者能力的項目中，學員的分數進步幅度為1.3到1.7。「當團體緊張時，有能力保持冷靜」先前已經敘述。此外，在「有能力與意願自我省思」、「有能力以他人能夠理解的方式界定自我」、和「對自己的信心」三個項目中，學員經驗到正向改變。分數顯示。學員參與研習營後，功能提升到更高的層次。

書面評論

　　量表還包括了詢問「研習營是否有對你造成改變？如何改變？」的問題，將學員書面心得予以編碼（79位中有78位寫出自己的心得），並彙整成相似主題。對於「研習營是否有對

你造成改變？」的回答都是肯定的，回應內容包括，「是」、「非常」、「絕對」、和「肯定有」。對於「如何改變？」的回答從廣泛到具體說明皆有，回答中顯示學習Bowen家庭系統理論，對於自我與他人生活的改變。所有心得中的內容，依照不同的主題重新組合，主題按照被提及的次數，由高至低做排序。

A. 整體性地學習理論；看見生活中蘊藏的理論概念（41%）
B. 在原生家庭、核心家庭、甚至工作系統中創造改變（26%）
C. 在一般焦慮中的自我管理（26%）
D. 學習自我分化量尺的概念（8%）
E. 在人我關係中界定自我（8%）

A. 整體性地學習理論；看見生活中蘊藏的理論概念

最普遍性（41%）的內容是敘述Bowen理論如何創造改變，三分之二的回應（占整總的28%）描述了Bowen理論對應在他們自己的經驗。回應如下：

・研習營對於我，不論是個人或是專業上，都俱有偌大的價值。是我有生以來遇過最具影響的理論，影響的範疇包含自我的正向發展、個人領導能力、成功關係和生命規劃。
・研習營不斷地幫助我對於八大概念的澄清，也提供我一個學習運用八大概念於日常生活中的機會。
・這提供我清楚的指引，關於我在個人／家庭／關係／成

長的關係中，該為什麼付出、如何付出。同時也幫助我理解，在我生命中最艱難的情況下，「我該做什麼」。

- 其他13%的回應：儘管依舊是很概略性，但也顯示有可能將概念內化至更高層次，以及能「看見」生命中所蘊含的理論概念和伴隨在關係之中的功能改變。

- 我看得見基本概念在我生命、工作、教會中運作的方式。我因此變得更有自信，也更樂意去表達我的立場、點子、洞察和原則，也容許他人可以和我一樣地表達他們的立場。

- 這大大地幫助我以更周全的思考和更少的情緒反應，看清我在教會中的衝突。

- 研習營賦予我一個思考不同議題的公式，議題包含與教會姐妹的互動、覺察自己、以及我把什麼帶進了「教會姐妹」的系統──問題的澄清與有能力看見工作中的系統運作，並看見理論應用在真實情境中。

B. 在原生家庭、核心家庭、以至在工作系統中創造改變

26%的學員提到，非凡領導研習營是如何改變他們的家庭生活。多數的回應是關於原生家庭，少數幾個則有提到核心家庭。

- 我和原生家庭間的連繫變得更緊密。我能更清楚地辨認系統中的三角關係與焦慮，並且能夠更精確地待在我的位置上與家人相處。我感覺透過我所增加的這些知識，特別是對於我的原生家庭，可以大大地幫助我在日常生

活中的功能表現。

- 聽到有人把八大概念運用在家庭中，的確令人雀躍、啟發並感到希望。
- 約莫有半數的學員認為，學習理論可以提升自己在家庭中的功能，進而提升自己在工作系統中的功能：
- 研習營幫助我理解回到原生家庭的工作和領導信眾的能力之間的關連。它提醒著我在面對焦慮時要能夠調整自我，並且了解焦慮對於系統的影響。
- 結合清楚的理論描述、闡述，以及真實生活中的案例，它激勵我更努力學習並開始回到自己的原生家庭中去工作。因此，我能夠選擇自我對於事件的反應，而非服從社會環境的力量。我的思想變得更清晰，透過理論觀點，對於事物有更好的理解。
- 研習營幫助我，以理論觀點重新詮釋我的領導能力和家庭內外的人際關係。這影響著我重拾與家族親戚之間的關係。研習營也幫助我脫離（並非情緒隔離）教會中的情緒化反應，不再將負向事件都歸因成自己的問題……我超越了過去放棄從事教會工作的影響，以嶄新的觀點看待我和我的教會。真實地幫助我找到個人成長的目標，例如跟人聯繫。

C. 在一般焦慮中的自我管理

學員常提出關於Bowen理論在不同層面的影響，而最常被學員們提及的進步，就是在一般焦慮中的自我管理。26%的學

員指出研習營幫助他們降低焦慮（增加冷靜思考的能力），不為別人而是為自己去努力，關注在自己的付出而非責備他人。

- 研習營幫助我學習保持冷靜……當無法冷靜時，我也能理解我發生了什麼事……幽默地看待我自身的狀態，並回復冷靜，並且幫助我克制了責備他人的行為……看見自己是如何置身於事件之中，並理解焦慮在個人生命（個人、家庭、社會）中所扮演的角色。
- 這大大地幫助我學習省思，例如我在教會系統中是如何地融合和焦慮。
- 研習會使我想得更仔細、做得更好。我相信，我能與圍繞著我的情緒和平共處。

D. 學習自我分化量尺的概念

8%的學員說明學習這特別的概念，是如何創造改變。

- 在研習營中，藉由評估家庭與自我的工具，提供我一些改變。自我分化量尺對我的思考，有著深遠的影響。
- 自我分化，在原生家庭中及工作系統中界定自我，是很重要的概念，而我也開始看到自己在想法、行為和人際互動方式上的轉變。
- 我正在學習成為一個更強壯、更多分化的自我，也較少陷入三角關係。

E. 在人我關係中界定自我

8%的學員指出，研習營幫助他們在關係之中界定自我。

- 這幫助我更有意識地覺察自我，清楚自己如何和他人、團體、甚至是家人互動。讓我特別覺得有幫助的是「界定自我」、「待在關係中」。
- 這幫助我界定我自己，改善我與核心家庭以及親戚的關係。
- 這個功課給予我信心，清楚自我如何在工作場合與家庭中表現。同時幫助我「堅固我的脊椎、強化我的心臟並找到我的聲音。」這樣的確信，幫助我進行自我分化、與他人連繫，以及與困境打交道。

內化理論的心得

6%的學員回應，在研習營學習Bowen理論，提供了一段可以專注學習的時間，完成平常無法完成的艱難任務，就像有足夠的時間，滴水才能穿石，理論也才能被學習透徹，同時，教練也貢獻了極大的幫助。

- 即使只有三天——三部分的課程規劃，研習營提供了能夠自我學習和自我省思的環境。如果我沒有參與研習營，我將無法完成個人工作，和一個能夠說出事情歷程並獲得回饋的地方。
- 第三年的研習營，我仍持續地受惠於研習內容和教練的指導。與理論緊密地連結，使我在家庭與工作中，表現得更專注，這似乎需要花時間讓理論慢慢「滲透」，三年來，它也昇華至更高的應用層次。

・在研習營中，教練是非常重要的一環，此外，聆聽、思考並嘗試將理論實際運用在生命中的許多（或是一切？）部分、管理自我，也獲益匪淺。

自我分化

　　本章節的目的並不在於凸顯學員心得與Bowen八大概念之間的契合度，而是回溯這些心得中普遍出現的主要議題，非常明顯地，多數回應指出了自我分化的理論概念。

　　Bowen基本概念中的「核心家庭是一個情緒單位」，只被三位學員提及，然而，至少有34篇心得的內容顯示對這概念的理解。這些心得提及包含看見系統、融合、團體焦慮、情緒化的系統、個人在系統中的功能、模式、姿態和自動化反應等。

　　「家庭投射歷程」、「多世代傳遞歷程」、「手足位置」、「社會情緒歷程」，以上四個概念未被提及；只有少數學員提到「三角關係」（4）、「情緒切割」（2），多數人寫到的，還是自我分化對於生活的重要影響。針對評估量表的資料，這些心得被轉換成以下幾個次主題。

　　——學習理論（38篇，其中6篇特別關注自我分化）
　　——在一般焦慮中的自我管理（20篇）
　　——界定自我（6篇單獨討論該理論）
　　——指導原則（1篇單獨討論該理論）

有趣的是，當學員被詢問「學習理論如何幫助在生活中創造改變？」時，多數學員的心得都指向自我分化的概念，鮮少提及其他概念。

非凡領導研習營的評價

參與研習營的學員指出，學習Bowen家庭系統理論，對他們的生活創造了顯著的改變。他們特別注意到家庭與工作系統中正向的改變，並描述研習營所給予的嶄新觀點，幫助他們看見關係之中所發生的事情，因此，學員們可以更深思熟慮地在關係中工作。

許多心得特別提到，當焦慮高漲時，他們能夠管理焦慮和保持冷靜。擁有清晰的思慮，就能夠在思考歷程中，增進界定自我的能力、做出更好的決策，並且成為一位更有效能的領導者。

chapter
15

新約中的耶穌與自我分化

R. Robert Creech, Ph. D.[1]

　　Murray Bowen 使用了自我分化的概念來區分人類不同程度的功能運作，從最低的可能程度到最高可能程度的範圍（Bowen, 1994, p. 472）。Bowen的自我分化量尺是連續性的，最低的可能程度「未分化」以0來表示，到理論上最高的分化程度，以100來表示。在量尺下半部的人們，生活在「感覺」所控制的世界中。大部分的時候，感覺與主觀掌管了推理過程。根據Bowen的說法，

---

[1]　R. Robert Creech, Ph.D. 畢業於休士頓浸信大學（學士），西南浸信神學院（M. Div）與貝勒大學（聖經學博士）。從1987年起，他在德州、休士頓靠近約翰航空中心的浸信教會擔任牧師。

這些分化低的人們生活主要以愛、快樂、舒適與安全等為目標（Bowen, 1994, p. 474）。

　　另一方面，在量尺上半部的人們，展現更多自主性的自我，他們較少被關係中的情緒融合掌控，因此，較多的能量可以投入在有目標的活動中。在量尺中分數越高的人，越有能力區分感覺與客觀真實，Bowen推測在量尺上50到75之間的人們，應該能夠界定自己在大多數重要議題上的信念與看法，不過，這些人仍然敏感於周遭其他人的看法，在這樣程度的人可能還是會以感覺去做一些決定，以避免其他人的不贊同。Bowen說：

　　「這個量尺第一次被設計的時候，100分的程度被保留給在情緒上、細胞上以及生理運作上皆達到完美程度的人。我期待在歷史上應該會有一些不尋常的人物，或可能有些現在活著的人能符合95左右的範圍（Bowen, 1994, p. 474）。」

　　Bowen的假設是在量尺上75分的人，亦即是功能運作非常良好的人，然而，60分以上只佔人群中非常少的一部分。

　　根據Bowen，什麼是「高分化」的人的重要特色？這些人能清楚的區分感覺與想法，一般來說，他們是根據思考而非感覺來做決定。高分化的人在關係中可以朝著目標邁進，他們較不受讚美或批評的影響，並且對自己有較符合現實的評估。他們在混亂與高度焦慮的情緒系統中，可以保持情緒的客觀，但是，同時卻能與大部分的人保持關係。根據Bowen的說法：

　　「分化的力量強調「我」界定了先前提到的特色，「我」立場界定原則與行動，就像是說：『這是我所想或是所相信

的。』以及『這是我會做的，或是不會做的。』並沒有將自己的價值與信念強加於他人。這是一個『負責任的我』，對自己的舒適與快樂負責，避免落入一種思維，要責怪他人或要他人為自己的不快樂、失敗負責。這個『負責任的我』避免掉入有求於他人的『不負責任的我』，後者的想法是：『我想要，我值得，或是這是我的權利或特權。』一個適度分化的人能夠真誠地關懷對方，並不期待任何的回報，即便連結性的力量視分化為自私和敵意的表現（Bowen, 1994, p. 495）。」

自我分化被描述為一種有機體的能力，在面臨來自重要社會系統的壓力時能控制自己的方針。

如果在分化量尺上最高之處真的保留給在情緒上、細胞上與生理運作上都達到完美程度的人，那誰可能達到這種境界呢？

基督教的神學將耶穌理解為完全的神與完全的人，在早期重要的會議中，努力的在新約中產生角力的這兩個概念想給予平衡。雖然大部分的注意力放在何謂拿撒勒人耶穌是獨一真神，但嘗試去理解他身為人的角色之意涵也是同樣令人著迷。路加、保羅以及希伯來書的作者特別描繪耶穌作為一個真人的樣貌——第二個亞當——完全呈現上帝形象的那一位。他們以身為一個人的樣貌去理解耶穌，對於保羅而言，耶穌的生活建立了一個模範，與其他世人生活相反的模範[2]，而基督徒的生活目標即是不斷地變得更「與基督相仿」[3]。

---

[2] 以弗所書4:13「直等到我們眾人在真道上同歸於一，認識神的兒子，得以長大成人，滿有基督長成的身量。」

[3] 羅馬書8:29「因為上帝所知道的人，預先定下效法他兒子的模樣，使祂兒子在許多弟兄中做長子。」

如果將耶穌的生活與教導與Bowen對高自我分化的描述相比較，會對耶穌身為人的一面有什麼發現呢？將記錄在新約福音書中的耶穌生活，與Bowen自我分化的概念做比較，會發現耶穌的生活展現了高度的自我分化。

只有四本被稱為「福音書」的新約書卷提供了讓我們能研究耶穌生活的歷史資源，將這些新約中福音書中的資料用於此項研究，需要事先申明一些限制：

- 首先，福音書並不是拿撒勒人耶穌的科學式傳記，他們很簡短，僅包含大約六個小時左右的教導內容，以及耶穌在大約五十天公眾生活中所發生的事情，即便耶穌的公眾生活大約持續了三年。也就是說，福音書中提供非常少有關耶穌早年生活的訊息，書中的集中於他的最後三年，尤其是他生命中的最後一個禮拜。

- 第二，新約福音書並不是沒有偏見的記錄，他們也沒有刻意要掩飾這件事。相反地，他們強烈地宣告一項有關耶穌的訊息，他們呈現了有關耶穌是誰以及耶穌做了什麼的一個神學詮釋，而非心理學的人物側寫。福音書的作者堅定地相信拿撒勒人耶穌就是那位應許以色列人的彌賽亞，他們用描述他的故事來宣揚這項訊息。從這層意義來說，它們可能被視為「敘述式的基督論」（用故事的形式來傳遞耶穌生平與目的的原則）。

- 第三，新約福音書中有關耶穌的講論與工作的描述，原意並非是用以提供資料，好讓人來研究耶穌的功能運作。因此，當我們以這種方式來使用之，有誤用它們的可能。

儘管如此，這項研究抱持著一個天真的手法，將福音書中對於耶穌的描述就它表面的意思來運用，將對於他言論與行為的描述當做正確，並接受描述者的評論，將這些評價當做可靠的資訊。不論有人將福音書理解為歷史上的耶穌，或是有人將耶穌視為文學性的角色，這個人物的分化程度如何？都是有意義的研究主題。

　　除非另有標明，本篇引用的新約字句，將來自「聖經：新國際版本[4]」。

對觀福音的研究[5]

　　因為自我分化是一個在家族中與核心家庭脈絡下的歷程，也是在世代中的現象，馬太福音用耶穌的家譜來做為開頭是值得注意的。馬太將耶穌的故事奠基於以色列多世代的故事，尤

---

[4]　The Holy Bible: New International Version. 1996, c1984(electronic ed.) Grand Rapid: Zondervan.

[5]　「Synoptics」這個詞是在聖經研究中用來指稱在新約中的前三卷福音書，馬太、馬可、路加。它們被稱作「Synoptics」因為他們描寫耶穌生平的角度比較類似，雖然不是完全一樣的手法。這三卷福音書之間存在著一定程度的依賴性。解釋這個依賴性就被稱作「the synoptic problem」。許多年來，最被廣為接受的理論是馬可福音最先被完成（「the priority of Mark」）然後變成馬太與路加的參考來源之一。馬太與路加福音被認為有使用某個共同的、另外的一個來源，被代稱為「Q」。這個假設的來源應大多數是對耶穌講道、言談的紀錄。除此之外，馬太福音與路加福音仍然各有自己的獨特材料，顯示它們仍有其他資料來源。相反地，有些學者認為是馬太福音最先被完成，然後變成路加福音的參考。馬可則是最後的作品，作為前兩者的濃縮版。聖經學者持續地研究這個議題。與「synoptics」相反的是約翰福音，常常被稱作「第四卷福音書」，因為它呈現了一個與其他三者不同的獨立觀點與資料內容。

其是有關大衛家族的故事（馬太福音1:1-17）。

新約的故事開始於一個家庭的故事：馬太以婚約、離婚、懷孕、結婚、性關係以及生產等為核心元素，作為耶穌故事的序幕（馬太福音1:18-25）。在極大社會壓力的反對下，約瑟仍選擇不和馬利亞離婚，而是持續他們的婚約以及婚禮，這顯示出約瑟在生活中高度功能的表現。根據這個故事，約瑟順從了他的夢，順從他內心認為是對的事情，而不是屈服在家庭或社會的連結性壓力。

同樣地，馬利亞－耶穌的母親－知道自己懷孕的真相，能夠度過這樣的歷程而不感到羞恥，她認同自己是「主的使女」（路加福音1:38）。馬利亞的狀況讓她去找伊利莎白，伊利莎白雖然過了生育的年齡，但也懷了孕，她們兩人共享了喜悅與期待。約瑟與馬利亞有能力採取自己的立場，提供了一個合理的假設，耶穌是兩位分化相當好的父母所擁有的長子。

馬太沒有提及任何耶穌在兩歲到三十歲左右的經驗，不過，路加有提及了一件發生在耶穌青少年時期的事情，暗示了耶穌的成熟過程（路加福音2:41-49）。在耶穌十二歲的時候，耶穌去耶路撒冷過踰越節，他離開父母開一整天，而他的父母都沒有發覺他不見了。當他們想起他，他們在親戚以及朋友之間尋找他，到第三天，他們終於在聖殿裡找到他，這時耶穌與其他的拉比坐在一起，一面聽、一面問。當馬利亞說：「我的兒子啊！你為什麼要這樣對我們？你的父親和我焦慮地找了你好久？」，年輕的耶穌不焦慮地回答：「為什麼找我呢？豈不知道我應當以我父的事為念？」（路加福音2:49）。耶穌能夠

在與他焦慮的父母相處時採取「我立場」，顯示他逐漸與他們分化的事實，並且漸漸覺察到這樣的關係品質將成為他人生的重要原則。

不過，這對父母並不了解他們兒子話中的含意（路加福音2:50），耶穌仍在拿撒勒他父母的家中度過後續的十八年。在那裡，路加觀察到馬利亞把這一切的事都存放在心裡（路加福音2:51），同時，耶穌的「智慧和身量，並神和人喜愛他的心」都一齊增長」（路加福音2:52）。

在這十八年間的某個時候，有些證據顯示約瑟－馬利亞的丈夫－死了，在成年耶穌出現的故事中，馬利亞仍然是故事中的角色，但是約瑟像是被留在過去了。耶穌，身為家中最年長的兒子，曾經一度擔任了戶長的角色，這件事暗示了他突然地離家去尋找約翰受洗，以及追求他身為以色列彌賽亞的呼召，可以被視為他與他的原生家庭分化的一個重大的行動。要他待在家中並照顧他母親的連結性壓力應該很強烈，這個行為無疑帶有傷害核心家庭的潛在危險，他們的焦慮反應在稍後將多做描述，但是從馬利亞仍然持續出現在耶穌的生活與傳道生涯，甚至一路到十字架前的事實，可以知道耶穌當初離家的決定是根植於自我分化而非情緒切割。

馬太選擇從耶穌大約三十歲的故事開始寫起，當時耶穌去找約翰（他的親戚）為他受洗，也因此確認了他要傳達給世人的訊息。當約翰拒絕為他施洗，因為他認出耶穌比自己更為神聖與偉大，耶穌仍然堅持，並且清楚地界定自己並順從神的旨意（馬太福音3:15）。約翰被普遍認為是希伯來眾先知之一，

甚至耶穌自己也稱約翰超越先知，並且是婦人所生的人類中最偉大的（馬太福音11:9, 11），即便如此，耶穌仍在約翰面前採取堅定的「我立場」。

顯然，為了文學上以及神學上的目的，路加選擇在描述耶穌受洗與曠野中受試探時，加入了有關耶穌家譜的訊息（路加福音3:23138），而不是像馬太那樣放在故事的最前面。但是就Bowen理論的角度而言，路加很明顯是將這些自我分化的行動－透過受洗與受試探展現出來－置於多世代故事的脈絡下。自我分化發生在一個人的核心家庭，以及多世代的情境中，當耶穌決定離開家，投入在他認為是神聖使命的任務中，他是以以色列多世代故事中的一份子角色去這麼做。

耶穌在曠野受試探的故事提供了另一個例子，展現出耶穌良好界定的自我。耶穌三次被誘惑去用自我交換其他的東西，他都拒絕了，試探的內容包含了建議他拒絕受苦、用奇觀去聚集跟隨者以及把神的國當做物質與政治個體本質去接近他（馬太福音4:1-11；路加福音4:1-13），所有這些都與耶穌生命的原則背道而馳，而耶穌選擇堅持他的信念。

Bowen對「基本自我」與「假自我」加以區分，認為基本自我是在關係系統中不可妥協的部分，它不會因強迫或壓力、為了得到更多贊同或是為了提昇自己在別人面前的地位而改變。而耶穌即使被誘惑去做這種交換，他都一次又一次地拒絕，在努力去設立他認為使命應該有的行為時，耶穌選擇徹底地委身於他認為上帝對於他的旨意，拒絕對其他手段做妥協（馬太福音4:1-11）。這些相似的試探仍然會不時地在耶穌的

生活中浮現，而他每一次都拒絕妥協。換句話說，他活出了一個堅固、或基本自我。

耶穌在登山寶訓的教誨中，提供了許多例子，展現耶穌良好的自我界定（馬太福音5:1-7:28；對照路加福音6:20-49）。這片段中處理了律法主義和內在公義的議題（5:17-48），拉比的教導習俗是教師需有「一個立足之地」，他必須有正式經文或口傳經文作為教導的基礎，也就是說，拉比的權威並非來自自己本身，那些聽見耶穌教導的群眾非常訝異，因為「他教導他們，正像有權柄的人，不像他們的律法師」（7:28）。這權柄在他一系列重複的宣告中出現，這些宣告顯示了他對於律法的詮釋：「你們聽見有吩咐古人的話說……但是我告訴你們……」（5:21-22; 27, 31-32, 33-34; 38-39; 43-44）。在馬太福音的原文中，每一處的那個「我」都是以強調的結構出現，強調先前教師與耶穌的對照。

耶穌不只將自己從其他的希伯來教師分化出來——透過在沒有立足於早期的文獻與教導的情況下，給予自身的教導——他也清楚地面質其他教師的行為（5:17-20; 6:2-4, 5-15, 16-18）。在馬太福音的故事中，耶穌在後續將會更仔細地做這件事（馬太福音23:1-39）。

耶穌分化良好的自我使他能對那些自以為耶穌門徒卻分化不佳的人說：「不」，（馬太福音8:20-22），耶穌甚至拒絕一個人請求在追隨神的國之前，先去埋葬他的父親：「跟隨我，」耶穌說：「任憑死人埋葬他們的死人吧」（馬太福音8:22），亦或耶穌允許一個有錢的年輕人離開自己，即使自己

很憐憫、關心他（馬太福音19:16-22; 馬可福音, 路加福音）。在這些例子裡，耶穌都堅定地按著他的原則行事，他明白神的國是要呼召忠貞不二的忠心，因此他拒絕接受一心二意的委身。

面對生活中的所有情境，耶穌似乎不會被驅使而產生焦慮的反應（馬太福音6:25-34; 8:23-26），不論在多嚴重的危機中，耶穌所有的反應都顯得深思熟慮。這樣的行為展現了一個在分化量尺上程度非常高的人會有的功能狀態。

當耶穌被宗教權威施壓，要求他去順從某個耶穌認為與聖靈的律不合的宗教禮儀規範，耶穌根據他的信念直接了當拒絕了這些要求（馬太福音9:10-13; 12:1-14）。當耶穌被群眾施壓，要求他留下來，耶穌卻根據自己內在的使命行動（路加福音4:43）。當耶穌被施洗約翰的門徒施壓，詢問一個關乎他彌賽亞身分的尖銳問題，耶穌卻將問題巧妙地放回約翰身上，約翰必須自己決定他到底相信耶穌在以色列的救贖歷史中扮演什麼角色（路加福音7:21-23），在不久之後，耶穌也要求他最親近的幾位門徒做同樣的決定（路加福音9:18-21）。

耶穌呼召跟隨他的人，使他們從原生家庭中分化出來。他在自己的生活中做了示範，有一段故事說到他的母親與兄弟來了，要「同他說話」（馬太福音12:46），馬可說他們來「控制他」，因為他們認為耶穌已經「癲狂了」（馬可福音3:21），當有人告訴耶穌他的家人來了，他回答：「誰是我的母親，誰是我的弟兄？」然後，指著他的門徒說：「看哪，我的母親，我的弟兄！凡遵行我天父旨意的人，就是我的弟兄姊妹和母親」（馬太福音12:46-50; 馬可福音3:31-35; 對照路加福音11:27-

28）。

　　耶穌教導人的方式也反映出自我分化，他常常使用一種方式，也許可以稱作間接法，耶穌拒絕幫他人思考，而是強迫他們必須靠自己得到結論。當一個律法師來試探他：「老師，我該做什麼才可以承受永生？」耶穌回答：「律法上寫的是什麼？你念的是怎樣呢？」律法師回答了一個耶穌也同意的答案，那就是盡心地愛上帝並且愛鄰舍如同自己，耶穌評論了這個答案，並且告訴這個人照著他自己所知道的真理去行，律法師想要在這個議題上施加壓力，於是又要求耶穌給「鄰舍」下個定義，耶穌用一個好撒馬利亞人的比喻回答，但是又一次地將問題拋回給律法師：「你想，這三個人中，哪一個是落在強盜手中的鄰舍呢？」（路加福音10:25-37）。耶穌十分倚重比喻的方法來傳道，可能反映出他了解每一個聽眾到最後都必須根據自己的信念做出決定，以及對他所傳講的訊息作何反應（馬可福音4:3-34），這方法驅動這個議題。

　　除了使用比喻以外，耶穌也大量地使用問題來做為傳道的工具，如此就保留了直接的答案，允許他人有自己思考的空間。他常常用問題回答問題，他用提問的方式促使他的門徒越來越清楚地界定自己，他也用提問的方式使試圖界定他的反對者受挫。

　　當耶穌的朋友馬大試圖將他拉近三角關係之中，與馬大的妹妹馬利亞對立的時候，耶穌再次展現了他高度分化的自我，他拒絕被拉進三角關係之中，他點出馬大的焦慮，並且讓馬利亞保有自己的選擇（路加福音10:38-42）。當一個人試圖將耶

穌拉進他與兄弟之間的遺產之爭，耶穌拒絕參與在三角關係之中，並面質那個人自己的貪婪，催促他先面對自己（路加福音12:13-21）。

雖然在耶穌的描述中，也不難找到有情緒的時刻（例如：憐憫[馬可福音1:41]或憤怒[馬可福音3:5]），卻幾乎找不到那種分化較低的人常常會經驗到的焦慮反應，耶穌總是以深思熟慮、有益且適當的行為去回應情緒。

當耶穌面臨他最後的試驗，他在客西馬尼園因著死亡與受苦的杯而受苦（馬可福音14:32-42; 馬太福音26:36-46; 馬可福音22:39-46），即使在這裡，耶穌面對著極大的焦慮，面對一個提早又痛苦萬分的死亡，耶穌仍努力對抗「連結性」的壓力，並選擇會使他與家人、門徒分離的那條道路，只因為這是上帝在他身上的旨意。這個決定，以及他早先面臨試探時的反應，都需要非常高程度的分化。

馬太、馬可與路加所記錄的耶穌生平，都一致地反映出一個高度自我分化者的生活樣貌，而耶穌被記錄下來的教導內容，也是如此。

從對觀福音中看耶穌的教訓與自我分化

耶穌的教導包含幾個與自我分化的努力有關，首先，門徒被呼召要做出選擇，正如他自己所作出的榜樣一般，門徒被呼召要決心投入，順從上帝的旨意，超過家庭的要求與壓力（馬太福音6:24, 33; 10:37-39）。耶穌說：

愛父母過於愛我的，不配作我的門徒；愛兒女過於愛我的，不配作我的門徒；不背著他的十字架跟從我的，也不配作我的門徒。得著生命的，將要失喪生命；為我失喪生命的，將要得著生命。

這樣的決定需要一個高分化的自我，以及有目標的行動。耶穌知道從原生家庭中分化出來的努力，會造成家庭系統巨大的改變：

凡在人面前認我的，我在我天上的父面前也必認他。凡在人面前不認我的，我在我天上的父面前也必不認他。你們不要想我來是要叫地上太平。我來並不是叫地上太平，乃是叫地上動刀兵。因為我來是「叫人與父親生疏，女兒與母親生疏，媳婦與婆婆生疏，人的仇敵就是自己家裡的人。」（馬太福音10:33-36；對照路加福音13:51-53）

他告訴他的門徒，在宣揚上帝國度的過程中，他們將會面臨來自家中的抵擋，就像他遭遇的一樣（馬太福音10:21），耶穌教導他們連結性的壓力會將他們從對上帝國度的委身推開，他們一定不能讓這股勢力最後得逞，但也不是使用情緒切割的方式處理，一個人必須選擇與神國的原則站在一起，即使有極大的壓力促使我們作相反的事情。

在耶穌的教導中，第二個與自我分化這個議題有關的部分是他勸告那些在他國度裡的人要致力於自己身上，而非他人身上。舉個例子，他說：你們不要論斷人，免得你們被論斷。因為你們怎樣論斷人，也必怎樣被論斷。你們用什麼量器量給人，也必被用什麼量器量給你們。為什麼你們看見你弟兄眼中

有刺，卻不想自己眼中有梁木呢？你自己眼中有梁木，怎能對你弟兄說：「容我去掉你眼中的刺呢？」你這假冒為善的人，先去掉自己眼中的梁木，然後才能看得清楚，去掉你弟兄眼中的刺。（馬太福音7:1-5）

耶穌促使他的門徒思考自己的反應，並不是別人的行為，而這種將焦點放在自己的聚焦使分化高的自我界線能夠保持完整。

第三個與自我分化有關的耶穌教訓，是耶穌教導他國度的子民以不帶焦慮去過生活。他教導他的門徒，透過對上帝的信心，這種沒有焦慮的生活是可能的。他教導他的門徒特定的練習，作為處理個人焦慮的方式，譬如禱告和默想。在分化量尺上程度高的人生活中將較少焦慮，耶穌是在促使他的門徒達到像他一般的高分化品質的生活。

第四卷福音書

前三卷福音書與第四卷福音書在描繪耶穌故事的方式上有很多且明顯的不同，不過即使有這些不同，耶穌的生活仍然被描述成高分化的樣貌，此事就顯得格外重要。

第四卷福音書並沒有詳細交代耶穌早期童年與青少年的生活，故事開始於他的成年期。雖然如此，耶穌第一個施展神蹟大能的地方是在家庭的場合，在迦拿舉行的婚禮宴會中，耶穌的母親（順帶一提，在這裡耶穌的母親未被稱呼「馬利亞」，僅稱呼「耶穌的母親」）告訴他宴會用的酒用完了，她並沒有

直接對耶穌提出要求，然而，耶穌給了高分化的回應：「親愛的婦人，我與你有甚麼相干？我的時候還沒有到。」然後，在他自己的時間，他開始展現在福音故事中的第一個神蹟，將水變成了酒（約翰福音2:1-11）。這個故事並沒有回答所有的問題。但是，很明顯地，約翰讓讀者了解到耶穌將水變成上等酒的決定並非在母親壓力下所做的決定，而是對神聖的時刻所做的回應。

馬太、馬可與路加呈現耶穌的教導中聚焦於神國的部分，然而，這部份在約翰福音中就較少被提及。約翰福音較注重耶穌教導中有關耶穌自己的內容，在馬太福音、馬可福音與路加福音中那些經典並且有關神國的比喻，在第四部福音有關天國的比喻極具特色，以耶穌的「我是」來替代，這是其它三部對觀福音所沒有的。在對觀福音中許多關於天國的隱喻，與第四部福音耶穌之「我是」的表達，有平行的意涵。

這些表達都使用了「我是」（我就是我，我不是別的）來強調，明顯地讓人想起以賽亞先知書的後半部分，即在以古希臘文翻譯的舊約七十賢士譯本中所看到的。耶穌的這些言論，向他的門徒以及對手都界定了他自己。

約翰，就像馬太、馬可以及路加一樣，將耶穌呈現為一個自我決定的領導者，他不會受迫於外在的壓力，不參與任何「交換自我」的把戲，不為了被接納而妥協，不會受到控制或被強迫去執行神蹟（2:4, 18, 4:48, 6:26），不願受到政治性的壓迫（6:15），不為了變得更受歡迎而改變他的宣稱與要求，

（6:41, 52; 60-71）並且也不讓從他家族成員而來的挑戰改變他的計畫（7:2-9）。

甚至是他的死亡，也不是外界強加在他身上的事情，他宣稱他的死亡也是他自己的選擇（10:11, 17-18），這樣的宣稱在他生命的最後幾個小時中被活化出來。他與門徒在一起的最後一晚，呈現了強烈的人性，被約翰福音書的作者如此描述：

踰越節以前，耶穌知道自己離世歸父的時候到了。他既然愛世間屬於自己的人，就愛他們到底。吃晚飯的時候，魔鬼已將賣耶穌的意思放在西門的兒子加略人猶大心裡。耶穌知道父已將萬有交在他手裡，且知道自己是從神出來的，又要歸到神那裡去。就離席站起來，脫了衣服，拿一條手巾束腰，隨後把水倒在盆裡，又洗門徒的腳，並用自己所束的手巾擦乾。（約翰福音13:1-5）

這些在耶穌生命的最後幾個小時之間所發生的故事，最後的晚餐、他的被捕與審訊，清楚地告訴讀者：耶穌才是掌握大局的人，不是兵丁，不是祭司或巡輔（18:1-11; 19-24; 33-19:21）。即使在瀕死的時候，耶穌仍在事情一件件發生地時候，顯示出明顯的控制權，譬如說：他把他母親的生活，交託給他最親近的朋友（約翰福音19:26-27）。

在約翰福音中，耶穌並沒有給他的門徒許多的道德教訓，第四卷福音書沒有提供任何與登山寶訓稍微雷同的內容。在整個故事中，耶穌的教訓都貫穿、聚焦在他的自我認同上。唯一的道德教誨是耶穌的「新命令」：「我給你們一條新命令：要彼此相愛」（13:34），這項命令的執行層面，則留給門徒自己

去思考。雖然這個命令使人的注意力聚焦在與他人的關係上，但是「如何對待他人」的模範，正是耶穌自我分化的生活。

總而言之，約翰福音中的耶穌是一個擁有高自我分化功能的人，即使在焦慮、壓力的情境下也是如一。

結論

新約中四卷福音書的作者所呈現的耶穌，很清楚地反映出自我分化的概念，如同Murray Bowen所觀察與描述的。雖然這可能並非這四卷福音書作者刻意想要收集的例子，但是許多的教導與行為確實反映出了高分化的生活樣貌。他們將耶穌描寫為一位在關係中貫徹遵行他所了解的上帝旨意，而不受到家族、朋友或敵人的連結性壓力影響，或是被要求耶穌去違反上帝旨意的壓力左右。有關這樣的描寫，在四福音書中都十分一致，這代表這樣的特質深深刻印在早期教會關於耶穌生活的記憶與傳統中，而這樣的特質卻沒有發生在其他早期教會的領導者身上，譬如彼得和保羅，這兩個人在福音書與使徒行傳中的形象並不理想，他們是同時有優點與軟弱的人。

如果科學與聖經都是有關人類生活的可靠知識，那可以預期的是兩者之間會有許多交集點。如果Bowen理論是是正確的，且如果耶穌是完全的人與完全的神，可以期待的是耶穌在地的生活會展現出一個高自我分化的樣貌，正如Bowen所描述的那樣。去檢視四福音書中有關耶穌生活的記載，也事實上證實了這種預期會有的交集。

應用

　　耶穌不僅注重人們的人際關係，也同時活出一個高分化自我的生活，他非常關心他的家人、朋友甚至持續和他的敵人保持聯繫，但是，他並不被這些人的情緒反應所決定。他清楚地執行天父的旨意，就如他所理解的那樣，委身於神的旨意，或是委身於神的國，就是耶穌的生活原則。他也一直教訓他的門徒以之為原則，能抵抗所有評論他的人生的壓力。

　　對耶穌來說，絕對不是委身於一些抽象的原則，而是委身於一段關係。上帝，如同耶穌所說，不是一個沒有位格的靈，而是聖潔的天父，耶穌活著是為了成全上帝的旨意，他尋求討上帝的喜悅。從這個意義上來講，耶穌的生活反映出他與世人的關係中呈現高度自我分化的狀態，但卻完全受到他與上帝的關係所掌管。是耶穌與上帝這種依賴與順服的關係，給予耶穌力量，讓他可以從家庭、朋友與敵人的關係中良好地分化出來。

　　耶穌的生活顯示人與人之間的關係連結是身為人的核心意義，他將整個律法與先知的誡命教訓簡化為全心的愛上帝的關係，如此連帶會使一個人得以與他人建立無私的愛之關係。對上帝的關係是首要的，這關係反而堅固了其他所有的關係，將自己降服於神，就如同耶穌的呼召那般，能使人在其他關係之中減少交出自我、降低融合的程度嗎？有沒有可能，增加自己在與上帝的關係之中的融合，是唯一合法的依賴？有沒有可能有一種關係，人們可以交出自我而不會被它吞噬？有沒有一種

關係，使人有可能可以在其他關係中投入，卻不會被吞噬？耶穌的生活引領我們去做這個方向的應用。

延伸思考與閱讀）

1. 自我分化的歷程如何與基督徒靈性操練中追求「更像基督」作連結？

2. 人的靈性可以因著經驗從原生家庭的分化而提昇嗎？如何產生這種效果？

3. 人對上帝的信心以及神的心意在自我分化的歷程中扮演了什麼角色？

4. 常見的靈性操練（禱告、禁食、默想、避靜等等）如何影響個體克服生活中的連結性壓力？使人可以與人在一起，卻不必為他們而活？

5. 耶穌的神學概念，也就是祂同時承載著真實的人性，與耶穌作為一個反映出高度自我分化生活的人之間有何關係？作為一個完全的人，是否包含獲得更高度分化的自我？

參考文獻

Bowen, Murray. 1994. Family Therapy in Clinical Practice. Northvale, NJ: Jason Aronson.

後　記

　　近來，某個執事會向一些和牧者一起工作過的系統思考者提問：「在和牧者們一起工作多年後，你觀察到了什麼？」

　　在針對牧者及其他領導者的訓練課程中，我們注意到：困難的人際關係，同時存在於家庭和組織中；和頭痛人物相處的無能為力；無法將組織當成一個系統來思考；以及，缺乏指導原則，讓自己跳脫與團體融合之情緒張力。他們被召喚去為那些陷入極度困擾的家庭，提供一些什麼，但卻沒有可依循的準則。他們必須主持會議，但參與者大都利用會議來發洩情緒，以致會議失去控制。沒有準則使會議聚焦於重要議題的討論上，無論這議題是正向或負向，而責任無可避免地，仍歸於領導者。

　　每一年，大多數人似乎都能從「系統思考」研討小組所提供之關係原則及指導中，獲得莫大的助益。他們在研討小組待了三年或更多年的時間。他們通常透過參加更進階的研討小組，持續與「系統思考」保持接觸。他們也透過參加由Bowen家庭系統理論支持者所組織的各種聚會，以保持與系統思考及系統思考者的連結。當中仍不乏有人因心急於立竿見影的效

果、或是無法放棄他們原先的思考方式而退出。

當人們看見改變老舊、無用的反應模式以及行為的價值，他們會欣然接受一個事實，即改變是一個漫長的過程。人們鮮少在一夜之間就能改變舊習慣。有些人會在看見一點點改變之候，就停止了努力。另一些動機較強、看見自我分化此項工作價值的人，會即時開始這項努力，並且在餘生都努力不懈。這些人或許都已經比開始時，在分化上進步許多，但是他們仍不滿足。當他們有了一個突破性的進步時，他們不會把它視為一個結束的標誌，而是把它當成一個新的起點，他們能明白更高分化層次的生活可能會是什麼樣子。然後他們就不斷向前，這些人會在一生中持續地、一次又一次地經歷這樣的歷程。這些人最終會發現，相對於原始起點的自己來觀看當下生活，已經完全不同、甚至難以辨認了。

分化是一生的歷程，而且它是困難的。人們常常開玩笑說：「為什麼有人會報名參加這種課程？」究竟為什麼呢？請用一分鐘來思考一下替代方案（即：在舊的模式中攪和）就會得出一個簡單的答案。雖然致力於自我分化是困難的，但它卻是最重要、也是最值得用畢生精力來投資的事情。

以屬靈的原則作為指導原則

許多人已經注意到Bowen的理論與屬靈的生活原則並不衝突。這兩種思考方式並用－系統思考（用一種特定觀點去理解生命－是我們可以測量、聽聞、看見、觸碰或感受、品嚐的）

以及屬靈原則，用超然的觀點（或是像愛因斯坦所說的「上帝的眼睛」）去理解生命，可以描繪出比單一思考方式更完整的圖像，更貼近生活真實的樣貌。許多屬靈的原則雖然沒有科學基礎，卻補足了嚴格實務觀點的缺失。

Bowen也理解一個關於人的完整理論，其中必定有超自然的概念。他曾說，在人的生命中，的確有科學所無法解釋之處。他曾想過關於在人群中的超感官知覺現象。有些人會想到，被回應的禱告、在對話經驗中經常可見之被改變的生命、或是禱告所帶來平靜。

對我而言，運用系統思考方式生活，伴隨聖經中的原則（我認為自己已透過生活將這些原則徹底思考過）對我在自我分化上的努力，有很大的幫助。Bowen理論和聖經來自於不同觀點，而神學承認靈性的元素，因此不受限於實證上的測量或觀察，但一般而言，科學的觀點並無法如此。然而，在大多數情況下，聖經中的原則與Bowen理論的原則，其實是非常雷同或類似的。

聖經中可以找到Bowen理論的概念嗎？

我個人在人類科學及神學這兩個領域的興趣，讓我特別留意神學及Bowen理論之間是否有衝突。我想回答這個問題之「科學性的」理由如下，聖經是世界上最古老的書，要能流傳千古，它勢必講述了一些關於人類的事情。如果它與人類的生活有關，那我們可以假設：整體來說，它的確精確地說明了人

的生活與人際關係。如果我們的科學是正確的，我們更應期待科學與聖經之間不會有重大衝突。

有任何例子嗎？關於這個議題，經過多年的非正式觀察，Bowen家庭系統理論與聖經似乎並無衝突。舉幾個例子，雖不是毫無疏漏的研究，但可視為努力專研後的一些整理或範本。

聖經中關於「被原則領導」或是「讓信念引導生活」是怎麼說的呢？提摩太前後書，這本保羅為他的年輕教會領袖所寫的書中，他強調，教導知識的重要，也強調在生活中對真理的實踐。除此之外，在整部聖經中也一致性地傳達著重要訊息，即要人們在人群中依據更高的原則生活，這原則是光明的、有清楚界線、並且平等的。

關於「高功能」。當耶穌的門徒請求他解決一項紛爭，他拒絕了，而是讓門徒學習去解決問題。他與他人似乎總是保持著平等的連結。他拒絕在關係中把別人放於較低下的位置，拒絕在他認為別人可以自己解決問題時，卻直接告訴他們「答案」。

關於「距離」或「情緒切割」。當以實馬利和他的母親被亞伯拉罕趕至曠野，阿拉伯人和以色列人之間的衝突就開始了，並一直延續到今日。

在聖經中，可以看到許多家人關係的困難，皆因「距離」或「切割」的使用。

世代的重要性。許多家譜都在聖經中被記錄下來。雖然他們並不是最有趣的部分，卻可從中看出聖經的多位作者對家庭世代的重視。聖經中警告，家人間的影響至少會擴及「三至四

代」，這也正如現代家庭系統研究所揭露的事實。情緒的不成熟會隨著世代傳承，並擴及整個家族。

專注於自己原則的重要性。耶穌說，人們在批評別人眼中的刺之前，應該先專注於發現、除去自己眼中的梁木。他要我們愛別人如同愛自己，顯示「愛自己」是不可或缺的前題。

我花了許多年的時間，收集有關聖經與Bowen理論的共通原則，上述只是許多例子中的一部分。

後續有待研究的問題

用「後續有待研究的問題」來作為科學性論述、甚至是理論性論述的結尾，是非常恰當的。當一個人試圖同時依據科學性的與屬靈的原則思考，有許多方法仍亟需後續研究的澄清。我提出其中兩個：

- 到底什麼是基本自我？科學是否也只能含糊地將它理解成靈魂（信仰中教導人死後還會持續存在的部分）呢？
- 系統思考中之聚焦於己身，是否違背屬靈上要求人們必須把他人擺在自己前面的教導？

無庸置疑地，只要一個人試圖用科學性的研究去思考系統，並同時用神學的角度思考，必定會有層出不窮的問題可以研究。系統思考者的腦海中總是盤旋著問題。著手研究情緒系統以及自己在當中的角色，似乎會進一步開啟一個人的好奇心，以及持續解決後續疑問的能力。隨著資源及邏輯推理而來

的好奇心，將為個人開啟展現天賦能力的可能性，如此，不僅
對個人身處的系統，甚至對整體人類而言，就是一份禮物。

Roberta M. Gilbert

Basye, 維吉尼亞州

2008年8月

附錄一

Bowen家庭系統理論的閱讀文獻

Bowen, Murray: *Family Therapy in Clinical Practice.* Jason and Aronson, New York, 1978.

Family Systems, *a Journal of Psychiatry and the Natural Sciences.* Order from Bowen Center for the Study of the Family, 4400 MacArthur Blvd., Washington, D.C. 202-965-4400.

Gilbert, R.: *Extraordinary Relationships: A New Way of Thinking about Human Interactions.* John Wiley and Sons, New York, 1992. An entry level guide to the use of Bowen family systems theory for improving relationships.

Gilbert, R.: *Connecting with Our Children: Principles for Parents in a Troubled World.* John Wiley and Sons, New York, 1999. An introduction to Bowen theory for parents.

Gilbert, R.: *Extraordinary Leadership: Thinking System, Making a Difference.* Leading Systems Press, Falls Church and Basye, VA. Text for year one of Extraordinary Leadership Seminar.

Gilbert, R.: *The Eight Concepts of Bowen Theory.* Leading Systems Press, Falls Church and Basye, VA. Text for year two of Extraordinary Leadership Seminar.

Hall, Margaret: Bowen Family Systems Theory and its Uses. Jason and Aronson, New York.

Harrison, V.: *My Family My self: A Journal of Discovery*. Family Health Services, Houston, Texas, 2008.

Kerr, Michael and Bowen, Murray: *Family Evaluation*. W. W. Norton and Co., New York, 1988. Written for therapists but read by and useful to everyone.

Papero, Daniel: *Bowen Family Systems Theory*. Allyn and Bacon, Needham Heights, Mass, 1990. A primer of Bowen family systems theory.

Rosenbaum, Lillian: *Biofeedback*. Frontiers, New York, AMS Press, 1989. Earliest applications of biofeedback in a Bowen theory context.

Titleman, P. (ed.): *Clinical Applications of Bowen Family Systems Theory*. Haworth Press, New York, 1998. Many seasoned clinicians contribute form their practical experience.

Titleman, P. (ed.): *Emotional Cutoff*. Haworth Press, New York, 2003. Knowledgeable authors focus on this important concept.

Titleman, P. (ed.): *Triangles*. Haworth Press, New York, 2008. Many contributions form systems thinkers around the country.

Toman, Walter: *Family Constellation: Its Effects on Personality and Social Behavior*. Springer Publishing Co., New York, 1961.

附錄

人類系統學習中心[1]的
任務與指導原則

任務（Mission）

　　人類系統學習中心的任務是在闡揚Bowen家庭系統理論，使理論盡可能地被廣為人知並使用。該中心的任務務可歸納成三個要點：

　　1. 「非凡領導研討會」專注發展領導者潛能，盡可能地提升對於Bowen理論理解，運用於他們的生活與寫作之中。

---

[1]　首次出現於2006年7月8日Bowen中心（Bowen Center for the Study of the Family）固定舉辦的週四專業會議的座談會之中。

2. 研討會也用以培養孰悉理論與研討會課程內容的人成為講師，未來可以傳承授課。
3. 帶領系統發行關於研討會之刊物、DVD、CD與文章，向社會大眾宣傳Bowen理論。

指導原則

1. Bowen家庭系統理論是關於人類現像與領導力，並描述高低層次領導力的理論。
2. 卓越領導研討會致力於協助人們成為高層次的領導者，這目標是立基於自我分化的概念之上。高層次領導者不會試圖領導別人，而是領導自我，這對於組織來說非常具有魅力，也影響的周遭的人發揮更好的功能。
3. 高層次領導被自身的原則所指導。
4. 高層次領導者在人際關係會的特點，包括開放溝通、姿態平等與清楚的界線。對於領導者來說，關係中的姿態是組織效能的關鍵所在。
5. 「如果你懂理論，你就會用它，如果你不懂，你當然就不會用。」在既有的課程上，搭配著不同的學習機會，是學好理論的不二法門。
6. 神職人員對於神學理論、不同規模的教會結構以及相關的領域都有適當的理解，如同組織的領導者也熟知組織結構與組織功能，但是，為何他們都不能理解情緒系統以及它的運作方式，不懂自我以及如何提升功能到更高

層次，也不清楚如何在系統中管理自我的方式。這樣的理解在焦慮的系統中深具價值。

7. 如果團體情緒歷程可以被管理，參與者跟授課人員皆可教學相長。

8. 人們對於堅固自我的改變，緩慢、艱困、勞累並且需要時間。因此，至少三年，有督導與進階研討會的持續學習是最低限度的建議，也鼓勵與Bowen中心（Bowen Center for study of family）交流以及參與課程。

9. 教職人員也必須將上述指導原則用於一般生活中，否則研討將無法達成任務。而教職人員都是精心挑選，鮮少無法達成。

10. 即便是中心的教職人員，寫作都是被鼓勵與推廣，而對理論提出諸多的觀點可幫助理論更廣為人知。

附錄

自我立場，在家庭中提升自我

　　我相信我們都可以做得更好，我認為以下這些原則，可以幫助你在與家人和團體工作時提供方向：

1. 不論是與父母、子女、手足，我們都以尊重、平等、開放的態度對待，並且與他人保持良好的人際關係。這些情緒上的基礎，會讓生命中其他的目標更容易達成。

2. 我們可以完全發揮自己的潛能：

　　與他人保持良好的接觸

　　尋找自己「深思熟慮」後的目標

　　盡可能地對自我、家庭、社會有所貢獻

　　保持健康與體態

　　抱持心智上的活躍與專注，跟上時事與閱讀

3. 考量到能力與環境的限制，每個人應該盡可能地提升教育程度。大學是最低的限度。

4. 年輕世代步入婚姻與建立家庭

5. 如果工作不如意，下一個階段目標就是尋找完整、有效、具生產力與支持性的工作。如果沒有工作，找工作就是個人的全職工作。

6. 對自己與他人的一切都抱持著絕對的正直與誠信。

7. 這是出自於長期對於神的信念，以及自己與祂的關係。

家人可以期待我的事

1. 持續且努力地與同一世代的人保持聯繫，像是爸爸、我的手足、以及手足的家人。

2. 持續且努力地與原生家庭保持關係，並朝向更好的關係。

3. 持續實驗、回顧以及達成我的人生目標。
   - 寫作、教育他人
   - 健身
   - 花更多的時間與家人相處，並且去拜訪遠方的親人。
   - 花更多時間在朋友和社交接觸

4. 盡其所能地支持上一世代的生活，這包含了保持聯絡、提醒爸爸我們愛他、送禮物、寫卡片以及必要的經濟支持。

5. 支持年輕世代
   - 若是達成目標是值得的，那麼我們就會提供任何可能

或必要的協助給他們。如果我們不同意那些目標，就不用提供協助。

· 不會提供他們可以自己做到的協助。

· 當他們求助或需要協助時，他們可以自由地提出要求，而我們也可以自由地給予我們所能給的。如果是經濟上的支持，在情況好轉後，可以請求歸還。

· 與孫子女相處時，我們花時間讓他們得著必要與應有的成長，並讓他們得以認識我們，愛我們。

附錄 四

Bowen家庭系統理論 的八大概念[1]

Bowen以八個前置概念為基礎,建構了家庭系統理論。

概念一　核心家庭情緒系統

核心家庭應該被視為一個情緒單元,而非許多個體,這個概念是所有概念中最基礎的部分,它改變了一個人思考人類現象的方法。當人們在家庭中一起生活,

---

[1] 節錄自Gilbert, R.,書名（暫譯）:與我們孩子的連結:身處混亂世界父母親的原則（*Connecting with Our Children: Principles for Parents in a Troubled World*. Wiley, New York, 1999.）

他們會彼此傳遞焦慮。當焦慮自動地流竄在關係系統之中，它通常透過一些既定的方式，這些方式就會演變成所謂的關係「姿態」或「模式」。這些模式是：

- 衝突
- 疏離
- 高功能／低功能的互惠關係
- 三角關係

它們被使用的目的都是要用來處理焦慮，當它們被使用地過多或成為習慣，它們卻反過來會製造焦慮，而這些模式是人們在關係中融合的指標，當人們融合於關係和關係系統之中，他們失去了「自我」，並喪失獨立思考與感受的能力，以及獨立於團體或他人的行動能力。

概念二　自我分化量尺

這理論性量尺是依照一生中的適應能力將人們劃分在0分至100分之間。分化較好的人，在大多數領域中都會表現較好。相反地，分化較不好的人也表現較差。這量尺概念的基本上是在重視人們在關係中的運作功能，而人們運作的功能是源自於他們多年在原生家庭的運作功能，也就是他們初期的關係系統。由於這牽涉到一生的運作，所以只能被粗略的評估，永遠無法精確地測量。

我們在關係中如何運作事實上影響了我們的大腦，以及它

如何處理思考與情緒。在量尺中較高的人，他們在理智系統與情緒／感覺系統之間有更多選擇，在量尺中較低的人，這些選擇是很少或甚至沒有的。因為能選擇思考或感覺，在量尺中較高分的人思考也比較清晰，所以他們在思考上的澄清－他們的信念－可以像一個充滿原則的內在指導系統一般，能被他們使用。

我們在關係中的運作方式，在我們離家生活的那時候就已經植入在我們身上，並且決定了我們在關係中的舒適、依賴與成功。量表中高分的人可以避免在關係中的情緒融合，他們比較輕鬆自在並且較為成功。這個關係運作的成功也促進了其他層面的成功，包含職業、社交、心理／情緒／大腦的運作，以及生理健康。高分數的人們擁有更多獨立性（基本自我）以及較少的連結性（傾向融合於關係中）。

低數的人們因為關係融合而感到較不滿意且不穩定，焦慮顯得更高，並且在各樣的功能運作上都會比較差（社會、心理／情緒／大腦以及生理上）。

概念三　三角關係

三角關係是最小的穩定關係系統。在群體中，焦慮會在人們互動與社會本身的「分子」中傳遞。當兩個人在互動上出現困難，第三者通常會被這兩人小組吸引或拉近去。把焦點關注集中在孩子身上就是三角關係的一例，父母忽略了他們原本的問題，允許因他們缺乏解決辦法而產生的焦慮指向他們孩子。

在這樣典型的模式中，家庭的焦慮通常會流向孩子。「三角關係」可以是由內部的人或外部的人所造成的，只要有兩個人同意把另外一個人視為「問題」或「錯誤」。

概念四　情緒切割

　　在關係中最極端的疏離就是情緒切割。它代表互為重要他人的兩人，彼此之間不再接觸，這現象其實是他們兩人所創造出情緒融合力量的一種功能運作。它造成嚴重的影響，衝擊個人在生活的其他領域，出現品質不佳的人際關係，同時還帶有其他情緒性、生理性、社交性的症狀。情緒切割是由於強烈的情緒導致一人甚至雙方最終無法忍受而造成的結果。

概念五　家庭投射歷程

　　父母的不成熟與焦慮，在孩子之間有不同的聚焦，產生不同程度的焦慮，因此，造成每個孩子的影響也不同，而這將會影響到孩子們各自的自我分化程度。如此一來，即使孩子們可能有同樣的父母（同樣的自我分化程度），但是他們彼此的分化程度卻不相同。父母傳遞給孩子的焦慮與不成熟，或多或少是永久的，因此，即使是源自於同樣家庭的小孩，生命歷程也可能很不一樣。

概念六 多世代傳遞歷程

當家庭投射歷程擴及家族的幾個世代，那就稱為多世代傳遞歷程。當情緒的流動被放在家庭系統理論的框架下研究，就可以在家庭的壓力源、主題以及在家族各分支間的不同功能運作中發現它。

概念七 手足位置與功能性位置[2]

與Walter Toman博士有關手足位置的概念相仿，家庭投射歷程的概念以及多世代傳遞歷程在每個人身上都會形成獨特的組合，產生一個對於我們所稱為的人格具有決定性的功能位置。關係的本質以及它們帶來的挑戰，以及它們的長處，都強烈受到其中人們手足與功能位置的影響。

概念八 社會情緒歷程

原本被稱為社會性退化的這個概念，意旨當社會普遍處於高焦慮的狀態，會有一陣混亂、失序與不負責任的時期。它很可能是以週期的方式呈現，即便很多說法被提出來，但仍然

---

[2]　Bowen並未包含「功能性位置」在八大概念的正式論述中，在此包含這說法，是因為Bowen理論使用手足位置的意義更像是功能性位置。

無法確定究竟是什麼觸發了這種退化時期，不過，這些說法都有一個共同的線索，就是都與生存威脅有關。

　　這八個概念構成了Bowen所提的正式理論，事實上，它們只是Bowen理論的開始，對於依循Bowen家庭系統理論原則進行思考的人而言，其他的概念諸如獨立性／連結性、系統思考、自然系統（人類大腦與行為的情緒歷程和其他物種是多麼相像）、靈性以及焦慮本身，也都被詳細地探究，並且視這些概念也是理論的一部分，使之更為擴展、精鍊。

附錄

引發社會退化的可能因素

　　這些年來，許多因素已經被系統思考者以及其他人指認為可能的焦慮觸發源，繼而造成社會的退化現象。其中包含過度擁擠、眾多經濟因素、大規模的毀滅武器、道德危機、法克福學派對社會破壞的努力、世代現象、助人專業，以及其他被提出來的因素。下面列舉出一些作者考慮到的因素。

過度擁擠

　　研究，顯示當族群量被允許超過特定的最高限度，正常的行為就會消失。舉例來說：母親「忘記」了怎麼為孩子築窩，雄的動物也放棄一般「保衛」巢穴領土

的行為，轉而在遠方遊走，出現同性戀的現象。Calhoun解釋說，我們人們傾向在大城市裡面擠在一起，大大增加了我們族群的密度，這有可能造成了現今看到的退化行為[1]。有其他人[2]否定這個因素，指出像荷蘭、日本等國家雖然高度密集，卻維持著正常的文明、有秩序的社會。

資源減縮與環境退化

當人們用盡了可取用的天然必需品，例如石油，氣候就惡化，創造了糟糕的氣象模式，帶來饑荒，生命的基本需求像是氧氣、水被污染與減縮，生存的焦慮因此升高。雖然這些問題可能有解決方案，焦慮卻可能干擾到可能找到答案的思考過程，而人與人之間還有更多的競爭被創造出來。

經濟

國家的經濟經歷高低起伏的「波浪」，被認為將觸發其他社會現象，[3]這種回升與回降可能促使其他退化現象的發生。

---

[1] Calhoun, J., 等人 "How the Social Organization of Animal Communities Can Lead to a Population Crisis Which Destroys Them", National Institute of Mental Health: Mental Health Program Reports 5: DHEW Publication No.(HSM) 72-9042 December, 1971:158-173.

[2] deWaal, F., Peacemaking Among Primates, Harvard University Press, Cambridge, 1989, 263-264.

[3] Fischer, D., The Great Wave: Price Revolutions and the Rhythm of History, Oxford University Press, New York, 1996.

另一方面，馬克思的著作與教導中認為是不公平的財富分配在社會中醞釀了不滿的情緒，造成退化的現象與危機。

大規模毀滅性武器

大規模毀滅性武器（主要是放射性或生化武器）即使不是對整個人類，也使得抹滅整個族群成為可能。有學者認為人們認知到這種武器的存在，使得他們必須與這件事實所促發的焦慮共存，是造成基本退化的原因。當擁有這些武器的國家之間張力升高，考量到可能的後果，所有人類之間的焦慮也會升高。

道德危機

道德危機常常被認為是我們現今社會的問題根源，人們變得對錯不分，所以行為脫離界線，違反社會規則變成一件平凡且頻繁的事情。David Sloan Wilson[4]以及Frans deWaal[5]認為如果沒有一個被社會普遍接受的倫理基礎，沒有一個人類的，甚至其他種類的動物，可以經營一個長久的社會。當那個倫理基礎被毀壞，也許社會的崩毀也不遠了。

[4] Wilson, D., Darwin's Cathedral: Evolution Religion and the Nature of Society, University of Chicago Press 2002, Chapter 1.

[5] deWaal, F., Good Natured: The Origin of Right and Wrong in Humans and Other Animals, Harvard University Press, Cambridge, 1996, pp.2-3.

法蘭克福學派

　　這個組織在1920年代早期創立，積極地嘗試將西方社會推向馬克思主義所掀起的世界性改革。他們尋找與馬克思主義者在俄國所採用的工人運動不同的改革方式。他們了解到西方世界工人領的薪水太好，反抗的意願低落，因此，他們以文化革命代替之。他們計畫了「透過機構之間的長征」以推翻文化的根本。他們積極地滲入教育組織（利用教師的訓練課程），鼓吹學生、種族與女性的運動。在社會機構中，他們也透過所謂的「批判性理論」發起了對於宗教的攻擊。這稱不上什麼理論，只不過是一種批判，而不論是宗教、教育或是社會（例如家庭本身），都不只一種方法可以去批判與攻擊。[6]

文化鬥爭

　　大型的免稅基金會早在1908年成立，他們是造成後來所謂「文化鬥爭」的元兇。雖然它追求的目標與法蘭克福學派一致，但是它是一個不一樣的議題，因為它是由這些免稅基金會的技術與財力所形成的內部問題，而非從外部而來的問題。他們致力於以鬥爭方式促使社會改變，同時，也致力於將學校的

[6]　Jay, M., The Dialectical Imagination: A History of the Frankfort School and the Institute of Social Research 1923-1930, University of California Press, Berkeley, 1966.

附錄五　引發社會退化的可能因素

老師從單純的教育工作者轉變成改變的催化者，改變學生對馬克思主義與共產主義的態度，改寫歷史以貶低我們建國者們和他們諸多的努力。[7]

歷史上的世代現象

所謂的「革新」是一種根本上的改變，它是由一個新世代對前一世代的自然反應而發生的，大致符合可被預測的循環進行。這種「世俗的」現象被認為是社會退化與再整合的鑰匙[8]。Strauss與Howe觀察許多世代的變化，發現循環中共有四個階段：

- 高點，一個上升的、樂觀的時代，公共機構被建立，個人主義被削弱。新的市民規範興起，舊的社會制度、價值觀式微。
- 覺醒，一個充滿熱情的屬靈大復興，市民規範面對新的社會制度與價值觀攻擊。
- 解構，一個不快樂、希望委靡的時代，個人主義被高舉，舊的市民規範式微，新的體制開始灌輸人心。然後就是
- 第四個革新或危機，一個決定性的時代，是世俗性的復興，社會體制與價值系統促使新的市民規範取代了舊的。

7　Jay, M., The Dialectical Imagination: A History of the Frankfort School and the Institute of Social Research 1923-1930, University of California Press, Berkeley, 1966.

8　Struass and Howe, p. 3.

這個危機－或是革新－通常造成戰爭。Strauss與Howe相信這種潛藏的歷史模式是一個自然的現象，無法被任何有意義的手段干涉，所有在這章中陳列的其他因素都僅僅是這老套、符合預期的世代「革新」此大現象中的小症狀而已。

大眾媒體

在我們日常生活中的大眾媒體並非只單純播報新聞，也會摻入自己的偏見，過濾真正發生過的事情，將時間和空間填滿了不重要的資訊，而非世界上發生的重大事情。大眾媒體只視負面、暴力的事件為有報導價值的東西，因此鮮少報導正面的事件，此舉讓它們的報導常常增加了社會的焦慮。

在大多數的情況下，大眾媒體為了博得更多大眾的收視，大多嘗試使用聲光效果、情緒化的報導以及爭議性的討論等策略來煽動情緒與帶來焦慮，這些東西很難傳達事實或議題的本質。同時，小孩與大人沈溺於許多的電子玩具中，因此減少運動而發胖。[9]

助人專業

還有另外一個可能是觸發者或症狀的因素，作者對此稍有探究。有可能「助人專業者」自己也參與了破壞一個有秩序、

---

[9]　想要進一步了解電視新聞在選舉與選民教育上的衝擊與分析，請參考Roderick Hart, Seducing America, New York, Oxford University Press, 1992.

處於最佳運作狀態的社會。隨著「上帝已死」這種普遍性的反權威態度，神職人員也被剝奪了意義與權威。但是人們仍然需要指引才能生活，治療與諮商專業因此成為他們的新宗教。這個宗教奠基於佛洛依德的理論，以個體為學習的單位（而非視家庭為一個情緒單位與「系統思考」）。這通常對家長產生負面的影響，使他們將孩子擱在一旁，而且頻繁地鼓勵離婚。

被治療與諮商專業者（除了少數近來興起的專業者）所使用的傳統（心理學的，以「個體思考」為基礎的）理論對社會造成巨大的影響。一些退化社會的「宗教」規則，可以舉出一些例子如下：

- 「享樂原則」取代了上帝與家庭的價值，成為最優先的生活指導原則。
- 以責怪父母取代尊重長輩。
- 對於小孩過度放縱，取代了成人在家中擔任主導且負責任的角色。
- 反權威的態度取代了對權柄與地位的尊重。
- 性開放的改革取代了只存留於婚姻的性。
- 在治療中與做決定的過程中，過度強調感覺而排除了思考的重要性。
- 家庭與社會採「兒童導向」，取代了更寬廣的視野。

讓我們來依序、簡短地進一步認識這些項目

1.享樂原則

　　在西方社會中，佛洛依德的「享樂原則」在抽象意義上成為了新的「牧師」們－治療師與諮商師－的主要指導原則。這代表人們最重要的目標就是尋求快樂並逃避痛苦。這個原則的運作代表如果一個人的婚姻沒有帶來必要的快樂，那個人就應該離婚並找一個新的、更能帶來快樂的關係。它同時也暗示尋求快樂並不需要牽扯到到道德或倫理的考量。佛洛依德自己實際上認為長久的快樂要比短暫的快樂有更高的價值。但是，在許多解釋與推廣之後，他的思想常常傳達出這個重要的原則。大體而言，享樂就是享樂，追求就對了！這帶來了家庭與人們個體生活中的許多不穩定。新的關係是興奮、愉悅但短暫的，所以，許多關係遵循了這樣的規則。在這種原則下，沒有人真的停留夠久的時間，來品嚐長期關係之中需要時間蘊釀出來的快樂。如此一來，家庭－這個社會的基本單位－的穩定性被大大的削弱，離婚率急遽攀升。

2.責怪父母

　　責怪的焦點開始聚焦於父母身上。不論什麼人格或者情緒的問題出現，人們都會認為是父母在養育過程中的錯誤造成的後果，一定是父母讓他們的小孩遭遇創傷，把這個原因當成

一切個人生活中看起來出錯了的理由。一個「會造成精神分裂症的母親」一度被當做是精神分裂症的原因。無法看清楚更多家庭的複雜系統以及多世代的情緒力量在每個世代與個體上的影響，我們卻抱持者因果關係的思考去注意它當中最負向的部份。治療師這種聚焦於責怪父母的行為，最終的結果就是讓大部分父母變得手足無措、失去效能、變得冷淡（就如同在公家機關譬如學校、育兒機構中所觀察到的那樣）。

3.小孩中心主義與放縱

責怪父母的行為很自然地造成父母過度放縱小孩。父母不想要「壓抑」或在因某個未知的原因而傷害到小孩，他們允許一些在過去會被視為太過分且不能被接受的行為。親職教育的最高權威Benjamin Spock博士，讓這種新的放手態度被推廣，小孩在許多層面來說變成父母生活的中心，主導著整個家庭。對孩子們來說，成為令人不自在的、焦慮的焦點常常讓他們的行為惡化。當他們成為青少年或大學生的時候，他們就我行我素，因為他們從來沒有被管束過，他們參加幫派，在某種意義上掌控了大學，他們要求重要課程上的加分與減分，他們主張自己生活應該有的樣貌。這些教育上重要的改變在許多人身上出現，在每個人身上反而產生更多的焦慮。到了這種程度，整個社會似乎都要以小孩為中心（這更像是一個後續症狀而非觸發因素），就像是在「集全村之力養育一個小孩」一般。

4.反權威的態度

　　前面所說的一切導致（也是後者的一部分）對權威本身的攻擊，這攻擊已經蔓延到社會各處。「代溝」讓父母的想法與標準過時，所有的專業都開始貶值。舉例來說，如同我們先前看到的，Karl Menninger博士在1970年代寫了一本「無論什麼都變成了罪？」他發現教牧者也深受「不知所措、失去方向、被文化侵蝕、思想混亂、精力浩劫並意志消沈」所苦[10]。他發現就算不是所有的人，大多數的專業者都受苦於相同的病，包括他自己的同事們[11]。

5.過度強調以感覺當做指導原則

　　雖然前面的所有一切都發生了，對感覺的強調真正引領著心理治療的歷程。這種對人的感覺層面的強調導致需要一段為期很漫長、價格昂貴心理治療經驗（感覺的探索根本沒有盡頭）。到底這種「治療」能多有效地改善一個人的成熟度或適應生活挑戰的能力都受到質疑。當感覺大於理智的優先概念進入文化中，感覺在一個人做重大決定－像是家人該不該住在一起，或是一生的志向－的時候，感覺就佔有決定性的位置。「感覺好」與「跟隨感覺走」是現在社會上普遍的信念。現在當一個人在陳述他的力場時，已經很普遍會聽到「我感

---

[10] Menninger, K., Whatever Became of Sin? Hawthorn Books, New York, 1973, p. 224.

[11] Ibid, p. 225.

覺⋯⋯」而非「我認為⋯⋯」，甚至在商場或政治的場合也不例外。然而，感覺是短暫的，它們來了，然後就走。它們容易消逝，而且立場不穩，不適合作為重要決定的依據。

很難從現在的時間點去辨別以上的這些究竟是觸發因素，或是單純的症狀。但是，能確定的是現今的西方社會面臨許多挑戰－對關係、婚姻、養育兒童的挑戰，以及對教會生活、所有社會組織的挑戰。

國家圖書館出版品預行編目

自我分化：人生與領導的基石概念 / Roberta Gilbert作；
　江文賢等譯. -- 一版. -- 臺北市：臺灣婚姻與家庭輔導
　學會, 2014.10
　　面；　公分
　POD版
　譯自：The cornerstone concept : in leadership, in life
　ISBN 978-986-91114-0-9 (平裝)

　1. 家族治療

178.8　　　　　　　　　　　　　　　　　103019003

人生與領導的基石概念

作　　　者 / Dr. Roberta Gilbert

總 校 閱 / 江文賢

譯　　　者 / 江文賢、林芝華、許恩婷、林廉峻

責 任 編 輯 / 吳春賢、吳昀都

圖 文 排 版 / 楊家齊

封 面 設 計 / 邵旦忠、蔡瑋筠

顧　　　問 / 台灣婚姻與家庭輔導學會

出　　　版 / 台灣婚姻與家庭輔導學會
印　　　製 / 秀威資訊科技股份有限公司
　　　　　　114台北市內湖區瑞光路76巷65號1樓
　　　　　　電話：+886-2-2796-3638　傳真：+886-2-2796-1377
　　　　　　http://www.showwe.com.tw
劃 撥 帳 號 / 19563868　戶名：秀威資訊科技股份有限公司
　　　　　　讀者服務信箱：service@showwe.com.tw
網 路 訂 購 / 秀威網路書店：http://www.bodbooks.com.tw
ISBN:978-986-91114-0-9

2015年5月POD一版
定價：新台幣320元